中国文化知识文库

中国古代江南园林

徐 潜／主编

张 克 崔博华／副主编

李书剑 桂丽黎／编著

吉林出版集团·吉林文史出版社

图书在版编目（CIP）数据

中国古代江南园林／徐潜主编．—长春：吉林文史
出版社，2013.3（2025.9重印）
ISBN 978-7-5472-1494-7

Ⅰ.①中… Ⅱ.①徐… Ⅲ.①古典园林–华东地
区–通俗读物 Ⅳ.①K928.73-49

中国版本图书馆 CIP 数据核字（2013）第 063426 号

中国古代江南园林
ZHONGGUO GUDAI JIANGNAN YUANLIN

主　　编　徐　潜
副 主 编　张　克　崔博华
责任编辑　张雅婷
装帧设计　映象视觉
出版发行　吉林文史出版社有限责任公司
地　　址　长春市福祉大路 5788 号
印　　刷　唐山富达印务有限公司
版　　次　2013 年 3 月第 1 版
印　　次　2025 年 9 月第 5 次印刷
开　　本　720mm×1000mm　1/16
印　　张　9.5
字　　数　250 千
书　　号　ISBN 978-7-5472-1494-7
定　　价　68.00 元

序　言

　　民族的复兴离不开文化的繁荣,文化的繁荣离不开对既有文化传统的继承和普及。这套《中国文化知识文库》就是基于对中国文化传统的继承和普及而策划的。我们想通过这套图书把具有悠久历史和灿烂辉煌的中国文化展示出来,让具有初中以上文化水平的读者能够全面深入地了解中国的历史和文化,为我们今天振兴民族文化,创新当代文明树立自信心和责任感。

　　其实,中国文化与世界其他各民族的文化一样,都是一个庞大而复杂的"综合体",是一种长期积淀的文明结晶。就像手心和手背一样,我们今天想要的和不想要的都交融在一起。我们想通过这套书,把那些文化中的闪光点凸现出来,为今天的社会主义精神文明建设提供有价值的营养。做好对传统文化的扬弃是每一个发展中的民族首先要正视的一个课题,我们希望这套文库能在这方面有所作为。

　　在这套以知识点为话题的图书中,我们力争做到图文并茂,介绍全面,语言通俗,雅俗共赏。让它可读、可赏、可藏、可赠。吉林文史出版社做书的准则是"使人崇高,使人聪明",这也是我们做这套书所遵循的。做得不足之处,也请读者批评指正。

编　者

2012 年 12 月

目 录

拙政园

　　拙政园为江南园林的代表，也是苏州园林中面积最大的古典山水园林。拙政园的布局疏朗自然，其特点是以水为主，水面广阔，景色平淡天真。它以池水为中心，构成了一幅幽远宁静的画面，代表了明代园林建筑的最高水平，被誉为"中国园林之母"。拙政园为中国四大名园之一，全国重点文物保护单位，国家5A级旅游景区，全国特殊旅游参观点，世界文化遗产。

一、千年沧桑，历久弥新

　　我国古典园林，兴于商周，至今已有三千余年的历史。最初称作苑囿，专为帝王所有。自西汉时始有私家园林。南北朝以后，园林转向自然山水化，经唐、宋的蓬勃发展，至明清时达到鼎盛，形成了独特风格，以追求"虽有人作、宛自天开"，寄情山水、得大自在为最高境界的自然山水园林。

　　我国古代名园，在文化生活诸门类中，为一浩瀚项目，遗憾的是，其遗址留存至今的，不足十之一二。那些今日仍存在的中国古代园林，便成了园林史上的活标本，供人们欣赏游览，回想以往的岁月。

　　漫步于拙政园，你可以清晰地感受到眼前一切风景的背后，那曾经拥有的繁荣富庶及深厚的文化底蕴，虽然它已经逝去，虽然它沉默不语。

　　拙政园，始建于明朝正德年间，如果我们以这片土地为原点，沿着历史的长河溯流而上的话，可以一直追溯到三国时代。这一路便是一千多年的风风雨雨。

　　游览古园，最好的方式就是漫步，你会注意到许许多多容易被忽略的细节。也许不过是一个俭朴的木门，一扇镂花的圆窗，一对精巧的门钹，一块生动的砖雕，也见证了那许许多多早已远去的丽日与风霜，辉煌与哀伤。

　　当你面对园中一座小亭惊诧莫名或在一幅字迹斑驳的对联前若有所思时，一个历史掌故，一则名人轶事可能让你尽享发现的喜悦，让你"千古兴亡，百年悲欢，一时登览"……

（一）拙政园的前身

　　拙政园坐落于苏州东北娄门西侧，为中国四大古典园林之一。之所以称之

中国古代江南园林

为古典，正在于它久远的历史。

拙政园原址初为三国时吴国郁林太守陆绩府第。陆绩（187—219），字公纪，吴郡吴县（今苏州）人，自幼聪明过人，知礼节，懂孝悌，尊重长辈，孝敬父母。6岁那年，于九江拜见袁术，袁术赠的橘子，陆绩舍不得全部吃完，深藏三枚于怀中。临行告辞、躬身施礼时橘子落地。袁术问道："陆郎作宾客怎么还藏着橘子？"陆绩跪而回答："留三只橘子欲回去送给母亲品尝。"袁术听罢惊奇不已。从此以后，陆绩怀橘便传为佳话。陆绩成年后在吴国做官至郁林太守，博学多识，星历算数无不精通，作有《浑天图》等，当年诸葛亮"舌战群儒"时，陆绩也是其中之一。可惜他32岁便英年早逝。

拙政园在南北朝时为宋名士戴颙住宅。戴颙（378—441），中国古代琴家。戴颙生活的时代，正值南北分裂，朝代迭易，战乱频繁。戴颙与其父兄一样，无心功名利禄，遁迹山林，以琴书自娱，是隐逸人物。他从父亲那里学得书法、雕塑和琴艺，能弹奏多首乐曲。396年其父去世，他极为悲痛，不忍再弹父亲传授的乐曲，遂另作新曲十五首和大型乐曲一首，立即流传开来，今已无存谱。他创作的新曲有《三调游弦》《广陵止息》等，与当时流传的同名乐曲相异。此外，他还将汉代歌曲《何尝》《白鹄》合为一曲，起名《清旷》，成为中国古典音乐史上的不朽名曲。

再后来，这里又成为唐代诗人陆龟蒙的宅院，陆龟蒙（？—881），苏州人，为唐代农学家、文学家。陆龟蒙出身官僚世家，其父陆宾虞曾任御史之职。早年的陆龟蒙热衷于科举考试。他从小就精通《诗》《书》《仪礼》《春秋》等儒家经典，特别是对《春秋》更有研究。在进士考试中，他以落榜告终。此后，陆龟蒙跟随湖州刺史张博游历，并成为张博的助手，此后归乡过起了隐居生活。陆龟蒙在文学上与当时另一诗人皮日休并称为"皮陆"，创作出大量清新优美的诗歌与散文。陆龟蒙有钓鱼、饮茶、作诗的嗜好，他对各种渔具和茶具都有所了解，并为之写诗歌咏。此外，

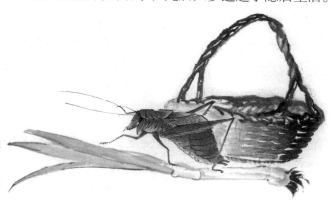

陆龟蒙还是个农学家，他对当时江东一带重要的水田耕作农具——犁的各部构造与功能作了记述和说明，写了《耒耜经》一文。

北宋时山阴县主薄胡稷言五柳堂也建于此地，元代又建有大弘寺，元末明初张士诚占据苏州时，其婿潘元绍在此建驸马府。

（二）拙政园名字的由来

明朝中期，拙政园的初建者王献臣生于江苏省苏州市东郊吴县宦门之家，幼时聪颖敏悟，咏诗作对出口成章，才华出众，闻名十里八乡。明孝宗弘治六年（1493 年），王献臣被举荐入京应试，经过会试后中试，登癸丑科毛登榜进士第。初授行人司行人之职，掌管捧节奉使之事，操办颁诏、册封、抚谕、征聘等工。由于精明能干，得皇帝赏识，继而擢升为巡察御史。然而就在王献臣奉命巡察京都东安门北东厂期间，他执法无私，得罪了东厂太监，被诬陷，连遭廷杖、系狱刑罚之苦，最后被谪贬岭南当驿丞，掌管驿站中的仪杖、车马、迎送之事。

明武宗正德元年（1506 年），朝廷对旧臣获罪之事予以重新核实，王献臣得以平反昭雪，重新起用为浙江永嘉知县。由于他在宦途上多年遭受挫折、冷落，对仕途已经心灰意冷，因此无心在朝为官，正德四年（1509 年）辞官回到姑苏，退隐林泉隐居，购买下二百亩土地，以陆龟蒙旧宅及大弘寺址拓建为园，历时十六年建成。著名的江南四大才子之一的文徵明，便参与了该园的规划建设，并存文氏之《拙政园图》《拙政园记》和《拙政园咏》传世，比较完整地勾画出园林的面貌和风格。当时，园面积约 13.4 公顷，规模比较大。园多隙地，中亘积水，浚沼成池，池广林茂。有繁花坞、倚玉轩、芙蓉隈及轩、槛、池、台、坞、涧之属，共有三十一个景点。整个园林竹树野郁，山水弥漫，近乎自然风光，充满浓郁的天然野趣。

而拙政园名字的由来，要提到又一位名人——西晋潘岳。他以才名满天下，

中国古代江南园林

做官多次，后来不得志，辞官家居，闲在家里种树钓鱼，逍遥自在，作了一篇《闲居赋》，描写悠闲的生活，其中"灌园鬻蔬，供朝夕之膳；牧羊酤酪，以俟伏腊之费。孝乎惟孝，友于兄弟，此亦拙者之为政也"。讲的是辞官后浇水种菜，与家人共享天伦之乐的闲适心情，正符合王献臣当时的失意之后布衣归田、不问政事的心境，便取其意将私家园林命名为"拙政园"。后来虽然园主几经更迭，几易园名，但拙政园这个名字已深入人心。

（三）拙政园的荣衰兴废

中国有句古话，叫作"富不过三代"。这句话在王献臣的下一代身上就得到了应验。由于王献臣之子的一夜豪赌，拙政园这样一份偌大的家业，便在转瞬之间输给了徐氏家族。

徐氏居此园五世，后家道衰而其园废。崇祯四年，侍郎王心一购得园东部荒地十余亩，别营归田园居。清初，钱谦益曾构曲房于园西部安置爱妻柳如是。顺治十年，大学士海宁陈之遴购得此园，重加修葺，备极侈丽。内有宝珠山茶三四株，花妍色鲜，江南仅见，最为时人称道，吴梅村题有《咏拙政园山茶花》长歌。

康熙元年，园没入官府，先后为驻防将军府、兵备道行馆。后为吴三桂女婿王永宁居所，构筑斑竹厅、娘娘厅、楠木厅等，雕龙刻凤。康熙十八年，改为苏松常道署。康熙二十三年，康熙南巡曾游此园。乾隆初年，园中部归太守蒋㬎，葺旧成新，名"复园"；西部归太守叶书宽，名"书园"。后又属程、赵、汪等姓。嘉庆二十五年，又归平湖吴敬，时称吴园。直至清咸丰十年（1860年）四月，忠王李秀成率领太平军攻克了苏州，并以苏州为中心建立了苏福省。八月，李秀成将拙政园花园部分及东部潘爱轩宅和西部汪硕甫宅等三处，合并为"忠王府"，遂将整个王府分成中、东、西三部分。尽管此后世运时变，但基本格局还是被保留了下来。同治二年，清军攻占苏州，园中

部作价入官，为巡抚行辕。同治十年冬，江苏巡抚张之万入居吴园，同治十一年改为"八旗奉直会馆"，园仍名"拙政园"。光绪三年，园西部归富商张覆谦，改名"补园"。

数百年间名园易手，主人更换多达三十余姓，而每一位园林主人，都要根据自己的喜好对它进行一番修葺整建，有人赋之以朴素，有人施之以奢华，在那些充满荣衰兴废的岁月里，这座宅园一体的居所，真是风水流转，命运无常。

辛亥革命时，曾在拙政园召开江苏临时省议会。1938年，日伪江苏省政府在此办公。日本投降后，一度作为国立社会教育学院校舍。解放后，曾由苏南行署苏州专员公署使用。1951年拙政园划归苏南区文物管理委员会。当时，园中小飞虹及西部曲廊等处已坍毁，见山楼腐朽倾斜，亭阁残破。苏南文馆会筹措资金，按原样修复，并连通中西两部，1952年10月竣工，11月6日正式对外开放。1954年1月，园划归市园林管理处。1955年重建东部，1960年9月完工。至此，拙政园东、中、西三部重归统一。1960年元旦，苏州博物馆于此成立。1961年3月，国务院同时公布拙政园和忠王府两处都为全国第一批重点文物保护单位。

（四）拙政园的今天

今天我们看到的拙政园，位于苏州市娄门内东北街178号。占地七十八亩，是苏州园林中面积最为开阔的园林，它分为东、中、西和住宅四个部分。住宅是典型的苏州民居，现布置为园林博物馆展厅。

1992年秋，苏州建成并开放了我国第一座园林专题博物馆。它利用名园拙政园的住宅部分，按四进厅堂布置成"园原""园史""园趣""园冶"四个展厅，展现了苏州园林在两千多年悠悠岁月中美的历程和旖旎风采。

园原厅：为苏州造园之风的长盛不衰提供了答案。

园史厅：作为历史的再现，引导观众穿越时空，纵览苏州园林的发展历程。

园趣厅：分别展示了苏州开放园林、江南各地名园、苏州市郊六县市、苏州未开放的园墅庭院乃至国外建的苏州园林的不凡风姿。

园冶厅：通过苏州园林"造园要素"和"造园艺术"的剖析，从较深层次揭示了苏州园林在世界园苑之林中卓成体系的原因所在。

1997 年，拙政园以"苏州古典园林"之名被联合国教科文组织列入《世界文化遗产名录》，是国家 4A 级旅游景区。中国四大名园之首、全国重点文物保护单位、全国特殊游览参观点之一、世界文化遗产，迄今为止同时具备这四项桂冠的，全国仅拙政园一家。

拙政园

二、山水花木的写意艺术

孔子曾说："仁者乐山，智者乐水。"晋代大书法家王羲之也曾有言："游名山，观沧海，叹曰：'我卒当以乐死。'"

山水情怀，是我国先民在长期农耕社会中形成的一种特殊的文化心态，已经由形式上的登山乐水上升为了一种精神，一种情结——"登山则情满于山，观海则意溢于海"。

古典园林，是在城市间辟出一方小天地，又被称为城市山林。苏州古典园林又称作人文山水之园，山、水

在园林构建中的地位可想而知。苏州古典园林中，有以山为主的山景园，如环秀山庄；有以水为主的水景园，如网师园；也有山水参半的山水园，那便是拙政园。它既有以池岛假山为主的景区，又有以荷花池水为中心的景区，最主要的却在于山容水姿中的水随山转、山因水活。

拙政园给人的印象往往是"典雅畅朗"，七十八亩，听起来不是个小数目。但放眼天地，不过方寸，而在七十八亩的范围内将钟灵毓秀取诸一园，以小见大，阐释出千种姿态，万般风情，并不是件易事，但拙政园做到了。当你置身其中，会不由感慨"此地在城如在野，此身非佛亦非仙"。

单有了山水还不够，必得要繁花似锦、落英缤纷来点缀，方显得灵动活泼。单有了山水建筑花木，必得要春夏秋冬、风霜雨雪来调剂，方显出别样风情。拙政园的美，在于它山与水配合得协调到位，花木与山水映衬得相得益彰，山水花木与寒暑更迭衔接得天衣无缝。拙政园的别样美，在于它四季不辍的花事盛景以及雨雪寻游，不同往日的别样风味。

（一） 山明水媚，此地在城如在野

园林，又称城市山林。城市山林一词，颇有意味。它是城市繁华的缩影，但好像又总和嘈杂分不开，而山林二字，却勾勒出了一种自然环境，一种宇宙间本真的幽静与深邃。苏州园林恰好是闹中取静的典型。墙外长街，虽然是车水马龙，但在粉墙之中、黛瓦之下，却是鱼戏莲叶的悠闲、满地蕉荫的恬静。

世界历史上比较主要的园林形式，大致可以分为两大类：一类是中国古典园林，一类是西欧的几何式园林。它们的形式不同，风格迥异，然而二者都具有自己的"诗情画意"。

西欧的古典主义园林，是以 16 世纪意大利文艺复兴时期发展起来的造园艺术思潮为基础，于 17 世纪下半叶在法国形成的。这种园林在形式上有强烈的中轴线，对称的布局，规则的建筑图案，修剪整齐的树草花圃，人造的水池喷泉，笔直的道路，宽阔的广场和线条清晰的石雕像，处处体现出人类力量与自然的强烈对比。

而中国的古典园林却是一方浓缩自然的小天地，而且必须保证浓缩的是自然的山水精华。一方面，它强调再现山水之美，山水就地取材，另一方面又要保证人工斧凿的山石水池做到"宛自天开""巧夺天工"，避免突兀孤立，矫揉造作。苏州园林布置的都是大自然的风景，要把大自然当中最美的那一环吸收进来，但怎样才能吸收到最美的环节，既是一门技术，也是一门艺术。

拙政园是大自然美的再现，但又远胜于自然风光之美，因为它不像自然之美的零散、随意，而多了一份整齐、工丽。

山是园之骨，水是园之脉。水因山转，山因水活。苏州园林的山与水，都取诸天然，却有着其他地方山水不具备的明秀与妖媚。

园林里的山分很多种，多为假山，假山虽假，

却有真山之态。拙征园的假山分为黄石假山、湖石假山和土石假山。黄石假山豪迈粗犷、棱角峥嵘、突兀挺拔、巍峨高耸。土石假山其名主要说的是堆叠假山的材料，而不是石的种类。

湖石假山在园中最常见，湖石的姿态在峭拔中更多一份玲珑秀美，拙政园的湖石多取诸太湖。历代文人曾对太湖石的审美特征作过精辟的总结，在这些总结中，宋代书画家米芾仅用四个字就概括了它的特点。这四个字是"瘦、漏、透、皱"。瘦，显示挺拔的风骨；漏，显示畅通的血脉；透，显示剔透的意态；皱，显示多变的英姿。众所周知，欣赏石头别有一番趣味，这就是专看那些石头与自然界的某种事物像还是不像。而对太湖石的欣赏，却属于更高层次的审美，因为太湖石多以意态成形，是一种天然的雕塑，所以它的形态给人留下了更为充分的艺术想象空间。

那嶙峋的棱角、奇峭的造型，虽然十分写意、十分抽象，但是它们在欣赏者的心目中却都已人格化。有情的山石，淹没了无情的社会政治气息，此刻只有山石是自己心中的知音，是自己心声的聆听者，面对沉静的山石，心中的忧愤可以尽情倾诉，那些归隐园林的仕宦文人们，就是从这些石头的形象里，找到了自我，也找到了寄托。

江南是个多雨的地方，苏州城的周边又有这么多水系，它便无法不成为一座水城。园林中的水以水池的中心最为突出，但是在不经意处往往都有源头，以表现园林之水的曲折幽然，同时更能使园林之水保持流动之态，是为活水。园林有了这样的活水和淙淙的流动声才更有生趣。

水清、水明、水柔、水美，水是流动的音符，清朝时贵阳有一个在朝做官的大户人家，也在贵阳建了一个园林。当然也很不错，但是有一点，不能解决水的问题。贵阳那个地方，一打下去就是石头，故而园林美则美矣，缺少灵气。苏州就不一样了，打下去两尺就是水——园林无水不活，有水才能映蓝天、映花木、映建筑；有水才能以水照身、以水照心。由此看来，苏州人造园林竟得了许多天时地利！

建在当年繁华万丈的苏州市区里的拙政园，门外便是车水马龙的红尘世界。却因为是私人宅邸，隐于深宅大院，所以对外人来说，有踏遍千里无处寻之感。从你踏进大门的那一刻起，你就已经忘掉了外面的喧嚣与嘈杂，油然而生的，只有这青山绿水花娇叶嫩的一派天真。所以说此地在城如在野，这里是人间的天堂，是世外的桃源。

（二）缩龙见寸，典雅畅朗

拙政园占地七十八亩，在苏州四大园林中是面积最为开阔的。它给游人的印象，一般都是"典雅畅朗"，但要知道，这七十八亩可谓寸寸精华，并没有丝毫浪费。当你统计一下拙政园中的可圈可点之处，就会发现相对于这七十八亩的面积来讲，拙政园真可谓缩龙见寸，以小见大了。

形容苏州园林的以小见大，可以借用一句佛家用语"芥子纳须弥"。须弥山是众佛所居之地，高广无艮。芥子，就是菜子。将须弥山纳入一粒菜子之中，实在是玄妙无比。

誉满全球的建筑大师贝聿铭在接受中央电视台采访时曾提到："欧洲的园林我比较有一点认识吧，住在那边六十多年，法国、英国的园林我都见过。它们的园林大半是皇家的，规模很大的。我们这个园林是私家的园林，小、精，所以这两方面正相反。他们的园林，一看呢，无尽的，我们是弯弯曲曲的。所以我感觉中国的园林是，特别是这个缘故，尤其在城里边、墙里边的园林，墙外一点不知道里面是什么东西。"

苏州的古典园林营造山水的手段是以小见大，而游览路线的特点便是曲径通幽。在园林创作里，曲径通幽，几乎是一种典型特征。

当你步入拙政园，便会发现果真是"山重水复疑无路，柳暗花明又一村"。拙政园的园林建筑早期多为单体，到晚清时期发生了很大变化。首先表现在厅堂亭榭、游廊画舫等园林建筑明显增加。中部的建筑密度达到了 16.3％。其次是建筑趋向群体组合，庭院空间变幻曲折。如小沧浪，从文徵明《拙政园图》中可以看出，仅为水边小亭一座。而在八旗奉直会馆时期，这里已是一组水院。由小飞虹、得真亭、志清意远、小沧浪、听松风处等轩亭廊桥依水围合而成，独具特色。水庭之东还有一组庭园，即枇杷园，由海棠春坞、听雨轩、嘉实亭三组院落组合而成，主要建筑为玲珑馆。在园林山水和住宅之间，穿插了这两组庭院，较好地解决了住宅与园林之间的过渡。同时，对山水景观而言，由于这些大小不等的院落空间的对比衬托，主体空间显得更加疏朗、开阔。

这种园中园式的庭院空间的出现和变化，究其原因除了使用方面的理由外，恐怕与园林面积的缩小有关。光绪年间的拙政园，仅剩下 1.2 公顷园地。与苏州其他园林一样，占地较小，因而造园活动首要解决的课题是在不大的空间范围内，能够营造出自然山水的无限风光。这种园中园、多空间的庭院组合以及空间的分割渗透、对比衬托；空间的隐显结合、虚实相间；空间的婉蜒曲折、藏露掩映；空间的欲放先收、欲扬先抑等等手法，其目的是要突破空间的局限，收到小中见大的效果，从而取得丰富的园林景观。这种处理手法，在苏州园林中带有普遍意义，也是苏州园林共同的特征。

（三）花事繁忙，四季不辍

在中国传统文化中，向有花木移情之说。"梅、兰、竹、菊"被称为四君子，"松、竹、梅"被称为岁寒三友，这些植物，以其幽雅、挺拔和傲寒的特点，成为文人雅士们自况的品格象征。作为风雅之园的拙政园，对园中植物的选择，便体现了园林主人的意趣与追求。然而，作为理想的人居环境，拙政园追求的是天人合一的境界，诸多的花木都是最能体现大自然生态环境的主体。因此，它在花木营造上，就绝不会简单从事，花木品种更没有仅限于梅、兰、竹、菊。

生机蓬勃的植物，对于没有生命的建筑环境至关重要。正因为厅、廊、堂、榭的内外空间是依靠了植物的衬托，才显示了它与自然的呼应。所以，园林中的许多景点，便以植物的品种和寓意来命名。如枇杷园、海棠春坞、十八曼陀罗花馆。江南水量丰沛，温度、湿度都高，可以入园的植物品种繁多。据记载，在拙政园中，树木、花卉和藤萝就有一百余科，计二百五十余种。

拙政园向以"林木绝胜"著称。数百年来一脉相承，沿袭不衰。早期王氏拙政园三十一景中，三分之二的景观就取自植物题材，如桃花片，"夹岸植桃，花时望若红霞"；竹涧，"夹涧美竹千挺""境特幽回"；"瑶圃百本，花时灿若瑶华"。归田园居也是丛桂参差，垂柳拂地，"林木茂密，石藓然"。每至春日，山茶如火、玉兰如雪、杏花盛开，"遮映落霞迷涧壑"。夏日之荷。秋日之木芙蓉，如锦帐重叠。冬日老梅偃仰屈曲，独傲冰霜。有泛红轩、至梅亭、竹香廊、竹邮、紫藤坞、夺花漳涧等景观。

自然界的诸般品类，在这里巧妙融合。置身园林，你自会找到王籍的感受："蝉噪林愈静，鸟鸣山更幽。"自然界的多样景色，在这里浑为一体。陶醉其中，你会产生晏殊的空灵："梨花院落溶溶月，柳絮池塘淡淡风。"正因为视觉上有花遮柳护，听觉上有雨落残荷，嗅觉上有暗香浮动，感觉上才心旷神怡。可以说若没有花木精神，便无所谓园林意境。

花木品种虽多，但造园家对于园林植物的具体配置，却十分考究。拙政园的栽花植树，是自有章法的。像苍松、银杏等高大的树木，一棵有一棵的匠心。而如翠竹幽篁之类，则一丛有一丛的用意。上百

年珍贵的古树，是古老生态的象征，是历史园林的标志，也是审美鉴赏的对象。在造园之初，若是已有古树在先，那么，造园家总是给它腾出相应的空间，使其成为园林一景。历史上的造园家，不但为后人留下了一棵棵古树，也留下了"雕梁易构，古树难成"的训条。

至今，拙政园仍然保持了以植物景观取胜的传统，荷花、山茶、杜鹃为著名的三大特色花卉。

拙政园是著名的山水之园，三分之一的面积都是水，便成了吴下名园花卉话题的首选。拙政园的荷花向来是一大景观，而与荷花相关联的建筑，竟早就造了许多处。芙蓉榭、远香堂、香洲、荷风四面亭、留听阁、藕香榭等等，串在一起，就像是一根节节相连、段段同体的藕，造园家便养殖了大片荷花。

此外，拙政园还有种其他地方罕有的品种——碗莲。提起碗莲，也有段跌宕的历史。东晋的时候，就出现了缸荷，到明代的时候就出现了碗莲，在苏州的庭院里面，流传了好几百年。苏州曾有一个种碗莲的名叫卢彬士的老先生，他种的碗莲非常出色。当时著名的盆景专家周瘦鹃先生，他家里的一个厅堂叫爱莲堂，这个堂上每年放的碗莲，就是卢彬士老先生送去的。

拙政园，现在已有一百多个碗莲品种，缸荷的品种一百多个，塘荷还有八个品种，一共有三百多个品种。拙政园已经成了苏州古典园林里最大的一个荷花基地。

从前代人的记载上看，碗莲的培养是门非常精细的技术。是将莲子磨薄两头，然后装入蛋壳里，让抱窝的母鸡孵于翼下。待鸡雏们出壳的时候取出来，再埋入钵中之泥。这泥土也特别，它须是燕巢之泥并加以少许天门冬，即一种草药，捣烂、拌匀，再将莲子置其中。然后灌以河水，晒以朝阳。莲株长成之际，花若酒杯，亭亭可爱。

这似乎是一段闲笔，但是，我们却从中看到了苏州人细腻精巧的性格与浓郁高雅的生活情趣。

也正因历代苏州人细腻精巧的性格与浓郁高雅的生活情趣，园林里的花木，栽多栽少，都自有章法。海棠春坞是拙政园中一个著名的景点，它也是以园中花木命名的，但这里的海棠，却只是栽植了寥寥数株。然而，在粉墙黛瓦的映衬之下，却更能显出海棠的美艳，加上小园的铺地也是海棠形的图案，便使得这些枝头的花蕾更为动人。

而翠绿的芭蕉，以它的色彩之美，点缀了小巧的庭院，也美化了宽大的窗景。到了雨天，在听雨轩"蕉窗听雨"，听瓦檐上的淅淅沥沥，听蕉叶上的珠珠点点，你便更能体会出中国古典园林的文人情味。

"流水落花春去也"，原本也是正常的事。然而，在拙政园里，你却感受不到万花纷谢的萧条，因为这里有倚玉轩、玲珑馆里四季常青的"倚楹碧玉万竿长""月光穿竹翠玲珑"的竹；有听松风处"风入寒松声自古"的松，有得真亭的松、竹、柏。

而且在每一个季节，拙政园都有自己的花事繁忙。园内名卉嘉木四季不衰，四时晨昏芳菲飘逸。为吟赏早春玉兰，设"玉兰堂"；为观赏元旦、春节之际的山茶花，建"十八曼陀罗花馆"；为观看仲春海棠，造"海棠春坞"，繁花似锦的海棠衬以湖石花台，宛如一幅写意图画；为吟咏暮春牡丹，筑"绣绮亭"；为品味"洞庭须待满林霜"的橘林秋色，设"待霜亭"；为饱览秋月、秋风、红叶，建北山亭、松风亭；为踏雪寻梅，造"雪香云蔚亭"。

花事，是杜鹃的五彩缤纷之容。

花事，是牡丹的天香国色之姿。

花事，是茶花的光昌流丽之态。

花事，是菊花的经霜耐冷之形……

（四）雨游雪游，别有风味

古代游园，曾有雨游、雪游之说，即使在这类特殊时间里来到拙政园，人们也会和园中的花事相逢，那或许就是墙角的早梅，或许就是雪后的奇香。一年中这难得一见的景色，让这座中国名园展现出了另一种素淡与优雅，而正是

因为有了这一片银装素裹，才孕育了拙政园一年的万紫千红。

烟雨最美不过江南，仿佛每个人心中都会有一个与同伴携手雨中同游的画面或愿望，或安静温柔，或年少轻狂，但无论如何，画面总是浪漫的。不知道从什么时候开始，小桥、流水、佳人、雨雾，成为了诗人描写雨中美景的御用佳句，这四者的微妙关系衬托出的好风景，似乎就像一个恒久不变的画面，深入人心。雨中的拙政园，便是演绎才子佳人悲欢离合的最佳舞台。

造园者充分考虑到了雨中的园林所产生的观赏效果，早就筑就了留听阁、听雨轩。"听雨入秋竹""蕉叶半黄荷叶碧，两家秋雨一家声"，这一派潇潇烟雨，也的确使这一幅写意的画卷充满了淋漓的气韵。细雨霏霏，蕉叶上的雨声轻轻地响，就像人在回忆绵绵往事，那样朦胧，那样淡远。雨下得大了，珠珠点点，又唱出了明明的天籁之歌。对于十分专注的蕉窗听雨的人，那蕉叶上滑动的雨水，顺势而滴，就像是一颗颗滚落的心事。也许，就是在这样的环境中，当年的那些园林主人，在将手中的一方官印换作了几枚闲章之后，也将心中的仕途风雨，换成了眼前的蕉窗之雨。芭蕉，或许就是童年时代嬉戏玩耍的见证，或许就是少年时代寒窗苦读的伴侣，或许就是淹留他乡时回忆故土的念物，或许就是归隐江南后十分亲密的知音。

电视剧《红楼梦》里宝玉雪中访妙玉乞红梅那一段，给人留下了深刻的印象。而在雪天游拙政园，也定能发现一个超脱于凡尘之外的清新世界。相比北国的雪，江南的雪显得不够刚毅，不够坚强，不够浑厚，娇气、羞涩也就在所难免了，但正因为这娇气、羞涩，才有了无尽的绵绵余韵。

雪天游拙政园，整个天地都是安静祥和、素淡优雅的，那些亭台楼阁，花木道路，游廊栏杆在银装素裹下显得分外妖娆妩媚却又冰清玉洁，如同传说中的琼楼玉宇，让你的心也为之沉静下来，恍如步入了佛家所言的清凉世界。而在这冰天雪地中穿过曲廊回桥，到雪香云蔚堂寻访一枝怒放的红梅，"遥知不是雪，为有暗香来"，更是千古文人心向往之的雅事。更为特别的是，十八曼陀罗花馆的山茶花，在这萧瑟的季节里，如同傲雪的腊梅，"树头万朵齐吞火，残雪烧红半个天"，以其蓬勃的生命力赢得了盛名。

拙政园

17

三、巧夺天工的构园技巧

中国古代江南园林

中国历史上的建筑家、造园家，相当一部分杰出的代表都产生于江南一带，尤其是产生于苏州。明朝末年造园家计成于崇祯七年写成了中国最早和最系统的造园著作——《园治》，被誉为世界造园学上最早的名著。这本书里全面总结了造园经验。从园林的总体格局到个体设计，从园林要素到建造手法，都有详细论述。其中有不少插图，都是当时江南园林的实例。后来《园治》传入日本与西欧各国，被外国专家推为造园的鼻祖。

而拙政园堪称是《园治》一书的经典模板范例，它"似取山川来掌上，如携天地入壶中"。占地七十八亩的拙政园，是一个典型的宅园合一的整体。它的园林部分，一分为三，东、中、西三区，东部疏朗旷逸，追求田园之味；中部楼台错落，一派典雅之姿；西部曲径回环，极有隐逸之趣。恰如三部曲，各有特色，互相对比，互相映衬，如同一首起伏跌宕的乐章。其中各有特色的亭台楼阁，精巧得出乎意料又合乎情理，无不与周围的风光珠联璧合。而在这三部曲中，障景、框景、借景、造景、移步换景等治园因素的综合运用，便是这乐章上跳动的一个个音符。

我们常常感慨"造物主"的神奇，到了拙政园这里，连造物主也不得不感慨能工巧匠的神奇手法。拙政园里巧夺天工的高超技艺，却是天公难夺的吧！

（一）一位造园大师与他的旷世杰作

苏州是现存明清私家园林最多、最好、最集中的地区，而令苏州人更为自豪的是，在中国建筑史上留下赫赫盛名的香山派最早是由这里走向京师并走向全国各地的。其实，在中国园林史上最出类拔萃、才华横溢的一位造园大师计成，也是苏州人。

计成，生于明朝万历七年（1579年），卒年不详，松陵（今苏州吴江）人，字无否，号否道人。少年时代以善画山水知名，宗奉五代画家荆浩和关仝的笔意，属写实画派，因而喜好游历风景名胜。青年时代到过北京、湖广等地。中年回到江南，定居镇江，转事造园。在一次参观堆假山作业中提出了应按真山形态堆垛假山的主张，并动手完成了这座假山石壁工程。作品形象佳妙，宛若真山，于是名闻遐迩。明天启三至四年（1623—1624年），应常州吴玄的聘请，营造了一处面积约为五亩的园林。他的代表作还有明崇祯五年（1632年）在仪征县为汪士衡修建的寤园、在南京为阮大铖修建的石巢园、在扬州为郑元勋改建的影园等。

计成的创作旺盛期约在明崇祯前期。他根据丰富的实践经验整理了修建吴氏园和汪氏园的部分图纸。计成还是一位诗人，时人评价他的诗如"秋兰吐芳，意莹调逸"，但诗作已散佚。但计成毕生最大的贡献却在于崇祯四年成稿，崇祯七年刊印发行的一本书，中国最早的和最系统的造园著作——《园冶》，被誉为世界造园学最早的名著。

计成绘画方面素养极高，他用山水画的笔意创造园林艺术，由虚而实，由平面到立体，潜心研究，《园冶》一书论述了宅园、别墅营建的原理和具体手法，反映了中国古代造园的成就，总结了造园经验，是一部研究古代园林的重要著作，为后世的园林建造提供了理论框架以及可供模仿的范本。全书共三卷，附图二百三十五幅。主要内容为园说和兴造论两部分。其中园说又分为相地、立基、屋宇、装折、门窗、墙垣、铺地、掇

拙政园

山、选石、借景十篇。该书首先阐述了作者造园的观点，然后详细地记述了作者造园的观点，又详细地记述了如何相地、立基、铺地、掇山、选石，并绘制了两百余幅造墙、铺地、造门窗等的图案。书中既有实践的总结，也有他对园林艺术独创的见解和精辟的论述，并有园林建筑的插图二百三十五张。

然而，这本书的命运却是十分曲折的。当年《园冶》成稿后，计成只是一介书生，生活十分清贫，拿不出足够的钱来印刷发行，只好奔走四方，到公侯将相门下求生活。崇祯七年，《园冶》的出版曾得到当时权臣阮大铖的大力资助并亲自作序，阮大铖在历史上可以用"臭名昭著"来形容，为人反复奸诈，先依附东林党人，后来又大肆残害东林党人，明朝亡国后又乞降于清朝廷，声名狼藉，为世人所不齿。城门失火，殃及池鱼。《园冶》一书也因为与阮大铖的关系而被读书人所抵制，弃置坊间不予发行，到清朝更沦为禁书。

幸运的是，《园冶》从民间流传入东瀛（日本），得以完整保存。日本人将《园冶》易名为《夺天工》，出版过五个版本。直到1931年，这本书才被当时的建筑学家、营造学社社长朱启钤先生等人购回。如此一本园林史上前无古人的旷世杰作，在自己的祖国竟销声匿迹近三百年，真令人痛心疾首！孔子说过："不以人废言。"意为不因为某个人有不足的地方而不采纳他的正确意见。

计成以及其旷世杰作《园冶》都是在拙政园建成一百多年后才诞生的，我们不妨推测下，计成在写这本书时，脑海中一定时常浮现起拙政园的山容水姿、花光林影，因为在《园冶》中提到的诸多园林建造理论，我们都可以到拙政园中去寻找优秀实例。后世修建园林，不能绕开的一本书，便是《园冶》，不能错过的一个典型范例，便是拙政园。

（二）东中西，三部曲

《园冶》立意高古，境界清远，文笔挥洒流畅，典雅自然，它的博大精深，若非集传统文化之大成者，是不可能做到的。全书一开篇便见其精神："世之兴造，专主鸠匠，独不闻三分匠、七分主人之谚乎？非主人也，能主之人也。"意思是，园林的成功与否，三分在匠人，七分在主人。主人并不一定指园林的主人，而是说能担当工程大局、胸有成竹者。

"巧于因借，精在体宜"是《园治》一书中最为精辟的论断，亦是我国传统的造园原则和手段。"因"是讲园内，即如何利用园址的条件加以改造加工。《园治》说："因者，随基势高下，体形之端正，碍木删桠，泉流石注，互相借资；宜亭斯亭，宜榭斯谢，小妨偏径，顿置婉转，斯谓'精而合宜'者也。"提出造园不是单纯地摹仿自然，再现原物，而是要求创作者真实地反映自然，又高于自然。尽可能做到使远近、高低、大小互相制约，达到有机的统一，要体现出大地的多姿。例如不同的闲地，有的似山林，有的似水乡，有的庭院深深，有的野味横溢，各具特色，这就需要因地制宜，点石成金了。

对这一点做出最好诠释的莫过于拙政园了，参与拙政园最初建设的江南才子文徵明，可以算作是《园治》中所称的"主人"了。他在《王氏拙政园记》和《归园田居记》中记载，园地"居多隙地，有积水亘其中，稍加浚治，环以林木"，"地可池则池之，取土于池，积而成高，可山则山之。池之上，山之间可屋则屋之"。充分反映出拙政园利用园地多积水的优势，疏浚为池；望若湖泊，形成晃漾渺弥的个性和特色。"凡诸亭槛台榭，皆因水为面势"，用大面积水面造成园林空间的开朗气氛，中园这一带原来的一片洼地便形成了池水迂回环抱，似断似续，崖壑花木屋宇相互掩映、清澈幽曲的园林景色，真可谓"虽由人作，宛自天开"的佳作。

现有的建筑，大多是清咸丰十年（1860年）拙政园成为太平天国忠王府花园时重建，至清末因势形成东、中、西三个相对独立的小园。园中建筑多不大而精巧，朴素而淡雅，疏朗而自然，以求合乎

"拙政"之义。

1. 东园

从东门入园，东园为明代"归园田居"遗址，是因为明崇祯四年（1631年）园东部归侍郎王心一而得名。约三十一亩，据记载有放眼亭、夹耳岗、啸月台、紫藤坞、杏花涧、竹香廊等诸胜。中为涵青池，池北为主要建筑兰雪堂，周围以桂、梅、竹屏之。池南及池左，有缀云峰、联壁峰，峰下有洞，曰"小桃源"。步游入洞，如渔郎入桃源，桑麻鸡犬，别成世界。兰雪堂之西，梧桐参差，茂林修竹，溪涧环绕，为流觞曲水之意。北部系紫罗山、漾荡池。东甫为荷花池，面积达四五亩，中有秋香楼。家田种秫，皆在望中。

但因归园早已荒芜，全部为新建。布局以平冈远山、松林草坪、竹坞曲水为主，配以山池亭榭，山水相间，建筑稀疏，仍保持疏朗明快的风格，主要建筑有兰雪堂、芙蓉榭、天泉亭、缀云峰、秋香馆等，均为移建。

兰雪堂为东园主要厅堂，坐北朝南，面阔三间，掩映于山石花木之间，是当年园主会友赋诗赏景之处，堂正中有屏门相隔，屏门南面列有一幅大型漆雕屏风《拙政园全景图》，屏门北面为《翠竹图》，全部采用苏州传统的漆雕工艺，屏门南边的隔扇裙板上刻有人物山水。

过了"兰雪堂"，迎面青翠的竹丛和古树中，簇拥着一座巨大的石峰，状如云朵，岿然兀立，西侧有两块形状怪异的太湖石，中间夹着一条羊肠小道。这两座石峰便是"缀云峰"和"连碧峰"。王心一《归园田居记》，兰雪堂前有池，"池南有峰特起，云缀树梢，名之曰缀云峰。池左两峰并峙，如掌如帆，谓之联壁峰"。两峰为明末叠石名家陈似云作品，所用湖石玲珑细润，以元末赵松雪山水画为范本。缀云峰的形态自下而上逐渐状大，其巅尤伟，如云状，岿然独立，旁无支撑。1943年夏夜，缀云峰突然倾圮。后来，在园林专家汪星伯的指导下，重新堆成了这座高达两丈、玲珑夭矫的奇峰，如今此峰苔藓斑驳，藤蔓纷披，不乏古意。

过兰雪堂，即进入园内。东侧为面积旷阔的草坪，草坪西面堆土山，上有木构亭，四周萦绕流水，岸柳低垂，间以石矶、立峰，临水建有水榭、曲桥。西北土阜上密植黑松枫杨成林，林西为秫香馆（茶室），顾名思义，就是观赏稻麦飘香的地方。明代"归田园居"的主人在园林内造有秫香楼，"楼可四望，每当夏秋之交，家田种秫，皆在望中"。现在见到的"秫香馆"，其主体建筑是20世纪60年代重修拙政园时从东山搬迁而来的，体型偏大，与原景略有不同。再西有一道依墙的复廊，上有漏窗透景，又以洞门数处与中区相通。

2. 中园

中园为拙政园精华所在，面积18.5亩，水面约占三分之一，临水布置各类建筑，高低错落有致，主次分明，体现了以水为主、池广树茂、景色自然的明代风格。主要建筑有香远堂、雪香云蔚亭、荷风四面亭、枇杷园等。此外环湖修建的梧竹幽居、见山楼、香洲、小沧浪等楼馆亭榭，都各具匠心，为园林建筑中的精粹。中部大致可以分为三个景区。来宾们通过游览三个各具特色的景区，游兴可逐步达到高潮。

第一个景区，以池岛假山为主，包括假山山塘的"梧竹幽居"，假山山顶的"待霜亭"和"雪香云蔚"等景点。池岛假山，也称为水陆假山，是中部的主体假山。这"一池三岛"基本上是苏州假山的传统格局，其要领是："池岸曲折，水绕山转。"

我们先来观赏"梧竹幽居"。"梧竹幽居"，俗称"月到风来亭"，位于中部的最东面，同"倚虹亭"相邻。梧竹幽居亭外围为廊，红柱白墙，飞檐翘角，背靠长廊，面对广池，亭内有"梧竹幽居"的楹额，旁有梧桐遮荫、翠竹生情。梧桐，是圣洁高昂的树；翠竹，是刚柔忠义之物。正所谓："家有梧桐树，何愁凤不至。""倚虹亭"是因为靠在形似长虹的复廊上而得名。"梧竹幽居"造型非常别致，四个大大的圆洞门使

人马上联想起八月十五的月亮。如果您站在亭子里向外看，这四个圆洞门既通透、采光、雅致，又形成了四幅花窗掩映、小桥流水、湖光山色、梧竹清韵的美丽框景画面，将苏州园林一年四季的风光都镶嵌了进去，意味隽永。

而跨过九曲石板桥，沿着弯弯曲曲的山间小道缓步登山时，迎面见到的就是"待霜"亭。过了待霜亭，穿过丛林，越过小溪，步上石阶，就来到了雪香云蔚亭。它位于岛的中央制高点。在这里向周围瞭望，觉得中部花园像一幅苍劲古朴画卷，展现在我们的面前。在这幅画轴上，有高有低，有近有远，有大有小，有宽有窄，有疏有密，有闹有静。如果坐在这里歇歇脚，看看景，静静心，真有点超尘脱凡的感觉，自己的身心已经同大自然完全融合起来了。《小城故事》歌词中有一句"看似一幅画，听像一首歌"，用在苏州拙政园里真是恰如其分。是否可以说，山花野鸟之间的雪香云蔚是对苏州古典园林的"天人合一""顺应自然"的哲学思想和"咫尺山林""小中见大"的审美观念，最通俗、最绝妙的注解。

第二个景区是以荷花池水为中心，围绕水面有荷风四面、香洲、见山楼、小飞虹、小沧浪、倚玉轩、远香堂等景点。

湖中岛建有荷风四面亭，四面环水，三面植柳，与荷风四面亭相望的便是香洲了，香洲属于舟舫之一。舟舫，建在园林的水池中，外形模仿船舟。按我国古建筑、古园林学家陈从周先生的说法："园林之中仿舟建筑，较确切似应如下称之：临水者名旱船，不临水者称船厅，筑水中者呼石舫，又有小轩内构船棚轩者，而顶为两面坡，则名之为船棚轩可也。"香洲不仅在水面上形成轻盈、舒展、生动的造型，且使游人身临其中有乘船荡于水上的感受。

经过九曲石桥，沿着游廊走，就来到了见山楼，山楼三面环水，似乎苍龙嬉水。见山楼是龙头，爬山廊是龙身，云墙是龙尾，门洞是龙嘴，曲桥是龙须。

此楼两侧傍山，从西部可通过平坦的廊桥进入底层，而上楼则要经过爬山廊或假山石级。它是一座江南风格的民居式楼房，重檐卷棚，歇山顶，坡度平缓，粉墙黛瓦，色彩淡雅，上层有蠡壳和合窗，楼下有落地长窗，室内有明式桌椅茶几，梁上悬挂小方什景灯，完整地保留着那种古色古香的风貌，保持了古朴之风。底层被称作藕香榭，沿水的外廊设吴王靠，小憩时凭靠可近观游鱼，中赏荷花，远则园内诸景如画一般地在眼前缓缓展开。楼上极为高敞，可将中园美景尽收眼底。春季满园新翠，姹紫嫣红；夏日薰风徐来，荷香阵阵；秋天池畔芦荻迎风，寒意萧瑟；冬时满屋暖阳，雪景宜人。原先，苏州城中没有高楼大厦，登此楼望远，可尽览郊外山色。相传此楼在清咸丰年间是太平天国忠王李秀成的办公之所。见山楼高而不危，耸而平稳，与周围的景物构成均衡的图画。

　　从见山楼沿着游廊往南走，可以来到小沧浪。见山楼位于第二景区的北部，是主景区，视野开阔，疏可走马。而小沧浪、小飞虹、得真亭这一带是第二景区的南部，是次景区，空间窄小，密不透风。

小沧浪是一座三开间的水阁，南窗北槛，两面临水，跨水而居，构成一个闲静的水院。站在小沧浪前往北看，廊桥小飞虹倒映在水里，水波荡漾，犹如彩虹。这里是观赏水景的最佳去处。只见藕香榭前各路水源汇聚一池，似乎浩浩汤汤，横无际涯。到了香洲前，突然分流回去，其中一条支流弯弯曲曲，扑面而来，经小飞虹，过小沧浪，有一种余味未尽的感觉。这样的理水手法，符合苏州古典园林关于水面有聚有散，聚处以辽阔见长，散处以曲折取胜的要领，堪称一绝。

　　从小沧浪往东走，就来到了中园的主要建筑远香堂。欣赏远香堂，可以说是游览中园的最高潮。远香堂位于中园的中心位置，建于清乾隆年间，名取周敦颐《爱莲说》中"香远益清"的寓意。面阔三间，单檐歇山顶，是与重

檐歇山顶相对的。重檐歇山顶一般用于富丽堂皇的皇宫如故宫中的天安门、太和门、保和殿等，通俗讲可以理解为有双层屋檐；单檐歇山顶则相当于重檐歇山顶的上半部分。远香堂是四面厅式样，堂内陈设典雅精致，四周装饰着透明玲珑的玻璃落地长窗，规格整齐，这一四周为窗的做法在古典园林营造学上被称为"落地明罩"，使厅堂内光亮通透，透过窗棂四望，满园美景尽收眼底。

远香堂前面是一条小河，种有莲花，后面有一片水池，广植荷花。夏季荷花盛开，清香一阵阵飘到堂内，试想下与三五好友坐在厅里一边品茶，一边聊天，一边透过玲珑的落地窗悠然欣赏风光的场景，夫复何求！厅的南边是一座峻峭的黄石假山，北边是池岛假山，东边山坡上有绣绮亭，西边池塘边有倚玉轩，给人以近山远水、山高水低的感觉。

拙政园中部的第三个景区是枇杷园。枇杷园位于远香堂的东南面，是拙政园中部花园里的园中园，因种有枇杷树而得名。枇杷园的园门设计得很巧妙。来宾们走到这里，见到前面一道云墙，两面种有牡丹，正所谓山穷水尽疑无路了。真没有料到，只要再往前走，就可以发现，黄石堆砌的假山遮住了旁边的一个门洞。随着人们一步一步走近，门洞就一点点扩大。到了门口，才发现门洞像一轮明月，镶嵌在白色的云墙上。过门洞后再往前走，这轮明月又被这边的湖石假山慢慢地遮住了。看着月洞门和牡丹花，不禁使人想到"闭月羞花"的典故。

第三个景区是以庭院建筑为主，有玲珑馆、嘉实亭、听雨轩和海棠春坞等。这些建筑物又把空间分割为三个小院。这种造景手法，称为"隔景"，以便丰富园景，掩藏新景。三个小院，既隔又连，互相穿插，在空间处理和景物设置方面富有变化。每个庭院的天井，用肉眼看大小一般，但用脚步量一下却发现相差甚大。

当年，园主喜欢同家眷在这里一边品尝苏州的茶点，一边细听那雨滴打在瓦楞片上、芭蕉叶上、碎石地上,发出"滴滴答答""淅淅沥沥""噼里啪啦"的声音,陶醉在大自然的音乐创作之中。这里可算是中部花园交响乐的第三乐章。第一乐章,可称之为"高山之巅";第二乐章,可称之为"沧海之滨";第三乐章,可称之为"天伦之乐"。"嘉实亭"里有一副对联"春秋多佳日;山水有清音",用在这里,惟妙惟肖。

3. 西园

西园面积约 12.5 亩,用水廊与中部截然分开,园内水面迂回,布局紧凑,水池流贯南北。有鸳鸯厅、别有洞天、倒影楼、与谁同坐轩、两宜亭、留听阁等建筑。

当来宾们从中部花园穿过"别有洞天"的圆洞门后,就来到了西部花园。西部花园的主体建筑是鸳鸯厅,位于池南,面阔三间,歇山顶;形制别致,从外面看是一个屋顶,里边是四个屋面;从外面看是一个大厅,里边分为两个客厅;北面客厅是夏天纳凉用的,南面客厅是冬天取暖用的。进门时,圆洞门上方有四个砖雕的篆体字"得少佳趣"。意思是说,进得门来,才能渐入佳境,稍得乐趣。这个大厅建于清代,精雕细刻,摆设考究,气派非凡。厅内有银杏木雕屏风与飞罩将其一隔为二,北厅适宜消夏,南厅适宜冬居。

北厅挑出于池上,由八根石柱撑住馆体架于池上,后临清池,夏秋时节推窗可见荷池中芙蕖浮动、鸳鸯戏水。西汉时大将军霍光曾在"园中凿大池,植五色睡莲,养鸳鸯卅六对,望之灿若披锦",馆名即取其意。正中悬清同治年间苏州状元洪钧所书"卅六鸳鸯馆"匾额。

南厅悬清末苏州状元陆润庠所书厅名"十八曼陀罗花馆"匾额,清代末年,张履谦建此馆时曾栽种十八株名贵的山茶花。此外,史书记载,补园主人张履谦特别喜欢昆曲,经常同曲圣俞粟庐先生在这里切磋曲艺,每当清唱演出进入高潮时,总有一种"余音绕梁,三日不绝"的感觉。四角的耳房,厅四隅各建耳室一间,进出可避寒风侵袭,又可作宴饮时仆从待诏之处,还作演唱侍候的辅房用,为

古典园林所独有；厅的内顶是卷棚顶，演唱时、排曲时可收到较好的音响效果。

这里的蓝白相间的玻璃窗很雅致，每当盛夏烈日时，阳光透过窗户变成一道道蓝白相间的光束，洒在地上，泛起一阵阵寒意。如果来宾们有兴趣的话，可以用眼睛靠近蓝色的玻璃窗往外看，只见屋顶上、树枝上、石块上、荷叶上，都像是披上了一层白雪。

留听阁位于卅六鸳鸯馆的西面，楹额由清代湖南巡抚吴大澂所书。是单层阁，体型轻巧，四周开窗，阁前置平台，阁内最值得一看的是清代银杏木立体雕刻松、竹、梅、鹊飞罩。从整体外形看，留听阁是一个抽象化的船厅，厅前平台如船头。左侧池塘中种满了荷花，荷花生长期间其叶、蕾、花、果皆有姿有态，观赏期特长，从春末夏初池面冒出点点绿钱到盛夏时节的满池华盖，直至秋意浓浓的枯叶残花，每一个阶段都有其独到的美。俗话说，花无百日红，再美的鲜花最终也是"零落成泥碾作尘"，残花败叶的凄凉晚景让人不忍卒睹，唯独秋塘枯荷却别有一种残缺美的意境。

倒影楼前面有一条曲折婉蜒的水廊，地面贴着池面。池面上波光粼粼，地面上高低起伏，使人感到正踩在池面上随水飘浮。水廊的西面有一组楼阁群，最近的是"与谁同坐轩"。轩，是形似车厢的建筑物，两头有门框而不上门，随意进出；两旁墙上开有窗口，以便观景。"与谁同坐？明月、清风、我。"这是苏东坡的诗句，表达了诗人孤芳自赏的心情。园主借此表示自己的清高。仔细再看，与谁同坐轩，好像一把扇子，轩顶的瓦面像折扇的扇面，后面笠亭的尖顶恰似折扇的扇把，简直连接得天衣无缝。

不用一一赘述每个景点了，总之，漫步拙政园，处处是充满着诗情画意的青山绿水，时时是洋溢着乐山乐水的人文情怀。这里，正是古人们苦苦追求的人间天堂，也是现代社会人人向往的"世外桃源"。相传，康熙年间，《红楼梦》作者曹雪芹的祖父曹寅担任苏州织造，织造衙门设在葑门，而家眷住在拙政园内。曹寅升迁江宁织造时，推荐内弟李煦接替，家眷住在园内达二三十年之久。曹雪芹少年时随同家人来游苏州，曾住此园李氏购得之所。难怪曹雪芹能用一支生花妙笔勾画出大观园那样一个琉璃仙境！

（三）亭台楼阁，独具特色

与占地面积相比较，拙政园中建筑数量不算太多，共有三十四处。建筑密度也不算太大，但是建筑体型富于变化，园中的厅、堂、轩、阁、斋、亭、榭、廊、桥、台等，无不构思精巧、活泼生动、风格别致，显示了设计者卓越智慧和旺盛的创造力，充分体现了江南建筑巧、美、秀、雅的艺术特色。

厅堂是园林建筑的主体部分，《园冶》里讲："凡园圃立基，定厅堂为主，先取乎景，妙在朝南。"又讲："堂者，当也。谓当正向阳之屋，以取堂堂高显之义。"意思是说，园圃布局，要先考虑厅堂的位置，厅堂要向阳，坐北朝南，此外要宽敞大气。而拙政园的三座主要厅堂兰雪堂、远香堂、鸳鸯厅，都是坐北朝南，面阔三间的大气派，但却各有各的特色。兰雪堂中的亮点是堂中漆雕屏风《拙政园全景图》《翠竹图》及屏门两边隔扇裙板上刻的人物山水，显得大气典雅又不失意趣。而中园远香堂的亮点则在于那四面玲珑的落地长窗，在山池环抱间欣赏长幅画卷的那份华丽的悠然。鸳鸯厅又妙在一厅为二、一花一禽相映成趣的别出心裁与丰富趣味上。

馆轩属于厅堂的一种类型，馆作为园林建筑的定名，取其园居、招待宾客的含义。轩为南方建筑之独特设计，按《园冶》的精神，轩宜高爽精致。园林建筑中的馆轩尺度都较小，布置于次要位置，所以，馆轩在个体造型、布局形式上均表现出比厅堂更多的灵活性。同样是馆，东园的秋香馆布置就较为开阔，以长窗裙板的个体形式成为宽敞草坪的重要点缀，而西园鸳鸯厅中的卅六鸳鸯馆与十八曼陀罗馆，则与周围的其他建筑相互配合，组合成了一个建筑群。

中国古代江南园林

亭，四面迎风，为游人休憩、眺望和观赏的建筑小品。引人入胜的江南园林，都离不开亭的点缀。亭建筑精巧，造型绚丽多姿，琳琅满目，形式众多，有圆形、方形、扇形等；以亭檐来分，有单檐和重檐之别；以亭顶来分，有四角攒尖顶、六角攒尖顶、两坡顶、歇山顶等；以方位来讲，或伫立于山岗之上，或依附于建筑之旁，真是"亭亭玉立"，各具特色。

而拙政园三十四座建筑中，就有十座亭，各个形体优美，选址适宜，寓意不同，无不恰到好处。游览拙政园不要说观赏别的景物，单是这些亭子便足以让你欣赏不已。涵青亭居于一隅，空间范围比较逼仄。但造园家以高大的白墙作底，建了一座组合式的半亭，一主二从，主亭平座挑出于水面之上，犹如水榭，两侧副亭略向后退，朝左右展开，似廊又非廊，主亭发两只戗，副亭发一只戗，整座亭子犹如一只展翅欲飞的凤凰，给本来平直、单调的墙体增添了飞舞的动势。斜倚亭边美人靠小坐，天光云影水间，锦鲤遨游，荷莲轻荡。

天泉亭是一座重檐八角亭，出檐高挑，外部形成回廊，庄重质朴，围柱间有坐槛，可以坐歇欣赏。四周草坪环绕，花木扶疏。亭北平岗小坡，林木葱郁。亭子之所以取"天泉"这个名字，是因为它的下面有一口井，此井终年不涸，水质甘甜，因而被称为"天泉"。据《乾隆长洲县志》记载，元朝大德年间，这一带有一座寺庙叫大宏寺。又过了百来年，余泽和尚居住在这里，并建了一所"东斋"。斋前有井，称"天泉"。苏州是个水乡泽国，河多、桥多、井也多，但被载入史册的则不多见。王心一建"归园田居"时，保留了这口井，也使园中平添几许田园风光。

雪香云蔚亭为长方形，在池中西部土山上，外观质朴而轻快；荷风四面亭，亭名因荷而得，座落在园中部池中小岛，四面皆水，湖内莲花亭亭净植，湖岸柳枝丝丝婆娑，亭单檐六角，四面通透，若从高处俯瞰荷风四面亭，但见亭出水面，飞檐出挑，红柱挺拔，基座玉白，分明是满塘荷花怀抱着的一颗光灿灿的明珠。

建筑风格独特，构思巧妙别致的梧竹幽居也是一座亭，外围为廊，红柱白墙，飞檐翘角，背靠长廊，面对广池，旁有梧桐遮荫、翠竹生情。亭的绝妙之处还在于四周白墙开了四个圆形洞门，洞环洞，洞套洞，在不同的角度可看到重叠交错的分圈、套圈、连圈的奇特景观；而塔影亭，从顶部到底座及四周窗格均为正八角图案，是园中最精致华丽的建筑物之一。在留听阁船台，回头望塔影亭，顿觉美妙至极。狭长的纵向水系拉开了层次，隔了一定的距离，水湾的纵深感就增强了，那攒尖的八角亭映入水中，宛如宝塔，端庄怡然。

与谁同坐轩，又称"扇亭"，平面形状为扇形，屋面、轩门、窗洞、石桌、石凳及轩顶、灯罩、墙上匾额、鹅颈椅、半栏均成扇面状，故又称作"扇亭"。在扇亭后的土山上还有一小亭，称"笠亭"。"笠"即箬帽，亭作浑圆形，顶部坡度较平缓，恰如一顶箬帽，掩映于枝繁叶茂的草树中，摒弃了一切装饰，朴素无华。山小亭微，搭配匀称，衬以亭前山水，俨然一戴笠渔翁垂钓，悠然自得。

楼阁一般体积较大，形象突出，在建筑群中既能丰富立体轮廓，也能扩大观赏视野，拙政园中见山楼，三面临水，登楼而望灵岩，天平诸山，列障如屏，风景尽收眼底。留听阁则倚红偎翠，起到了点睛作用。

此外，廊也是园林中组织景观，以求控制引导游览路线的重要建筑。《园治》中提到："廊者，庑出一前也，宜曲宜长则胜。"廊的造型有直廊、曲廊、回廊、复廊等。拙政园的波形廊，简直是对"宜曲宜长则胜"的最好证明。

工匠借墙为廊，凌水而建，以一种绝处求生的高妙造园手法来打破这墙僵直、沉闷的局面，将廊的下部架空，犹如栈道一般，依水势作成高低起伏、弯转曲折状，使景观空间富于弹性，具有韵律美和节奏美。由南往北，经过一系列形态变化之后，突然出现大幅度转折，把它拉离园墙一段距离，使之突出于水池之上，低贴水面，左右凌空，廊顶变化如亭盖，临水处立小石栏柱两根，

中国古代江南园林

犹如钓台一般，在波形廊靠近倒影楼的近终点处，在其下部设一孔水洞，让廊跨越而过，使园的中、西部水系相通，廊体也拔高至最高点。若远看水廊，便似长虹卧波，气势不凡。

有江南园林的地方必要有水，香洲这艘在水一方的石舫，集中了亭、台、楼、阁、榭五种建筑种类。船头为荷花台，茶室为四方亭，船舱为面水榭，船楼为澄观楼，船尾为野航阁。有水必要有桥，桥的作用，不仅在方便游客过道，也能为园林增添佳趣，拙政园里有石板桥、石拱桥等。小飞虹的型制很特别，是苏州园林中唯一的廊桥。朱红色桥栏倒映水中，水波粼粼，宛若飞虹，故以为名。虹，是雨过天晴后横跨大地的一架绚丽的彩桥，古人以虹喻桥，用意绝妙。它不仅是连接水面和陆地的通道，而且构成了以桥为中心的独特景观。小飞虹桥体为三跨石梁，微微拱起，呈八字型。桥面两侧设有万字护栏，三间八柱，覆盖廊屋，檐枋下饰以倒挂楣子，桥两端与曲廊相连，是一座精美的廊桥。

（四）障景、框景、借景、造景、移步换景

我们前文一再提到的《园冶》一书，在建筑史上最为突出的贡献便是提出了障景、框景、借景、造景、移步换景的精粹理论，要到生活中将这些理论具体化，拙政园恰是一本最好最翔实的参考书。

《红楼梦》里第十七回《大观园试才题对额，荣国府归省庆元宵》中有这样一段故事：

贾政父子进大观园题景，开门进去，只见一带翠障挡在面前。众清客都道："好山，好山！"贾政道："非此一山，一进来园中所有之景悉入目中，更有何趣？"

这里的"一带翠障"，就是"开门见山"的造园手法，被称作为"障景"，起着激发游客好奇心、引人入胜的作用。我们可以从拙政园找到吻合的情况，那便是东园中过了兰雪堂，像一座屏风般挡住游客视线的"缀云峰"

与"联碧峰"。

从芙蓉榭的门前向西面看，可以见到这个水榭进门的门框上装了一个雕花的圆光罩，透过这个圆光罩可以看到前面的小桥流水，犹如一幅镶嵌在圆形镜框里的油画。如果您走过去再仔细看看，又可以发现这个水榭临水的门框上装了一个雕花的长方形落地罩，前面的河水曲折蜿蜒，两岸桃红柳绿，把人引入了一种宁静安谧、淳朴自然的境界。这是苏州园林中一种比较常见的造景手法，叫做"框景"。园主想通过这种手法，把来宾们的视线集中到最佳角度，以达到令人满意的效果。

拙政园东部和中部，是用一条长长的复廊隔开的。走廊的墙壁上开有二十五个漏窗，就像精雕细作的剪纸图案，镶嵌在长长的画轴上面。人们信步走在游廊里，随着漏窗花纹的更换，园内的景色也在不断地变幻。这种现象，称作"移步换景"。如果再仔细看一看，漏窗上不同的图案，所表现的都是水波纹和冰棱纹，池中欢快的涟漪叠印在窗上凝固的波纹上，更加渲染了苏州水文化的氛围。

游人们站在倚虹轩旁向西眺望时，第一印象应该是这里池面宽广，景色秀丽。细心的游人还会发现，在亭台楼阁之旁，在小桥流水之上，在古树花木之间，屹立着一座宝塔，给人以一种"庭院深深深几许"的感觉。这一借景手法，运用得很成功，园主确实是费尽了心机。因为中部花园东西长，南北窄，有一种压抑感，于是园主利用低洼的地势凿池叠山。用假山遮住两边的围墙，而池面上留出了大量的空间，将并不属于园内的古塔引入园内游客的视野中，使人感到开阔而深远。

而中部第一景区的池岛假山，也是设计中的"大手笔"，完全符合我国山水画的传统技法，是人工造景的经典之作。从东面看，一山高过一山；从南面看，一山连接一山；从西面看，一山压倒众山。用绘画术语来讲，分别是"深远山水""平远山水""高远山水"，表达的是宋代苏东坡诗中"横看成岭侧成峰，远近高低各不同"的意境。

借助梧竹幽居的四个圆形洞门，游客将惊奇地发现，南面桃红柳绿，西面嫩荷吐尖，北面梧桐秋雨，东面梅花怒放依次出场。梧竹幽居，是集借景、框景、造景、移步换景为一体的建筑艺术品。

中部第三景区枇杷园的月洞门，像一个巨大的宝镜，庭院里的景物似乎是院外景物的影子。园主巧妙地选择了辟月洞门最佳位置，使雪香云蔚亭、月洞门、嘉实亭三点同处在一条直线上，并通过月洞门联系前后佳景，从而组成一组对景。由此可见，苏州古典园林在辟门开窗时，除考虑到出入和采光外，尤其注意撷取画面，力求处处有景、景随步移。

倒影楼是以观赏水中倒影为主的景点，面水的一侧于柱间安装通透玲珑的长窗，窗内有木质低栏。倚栏而立，可凭水观景。左有波形长廊相伴，右有"与谁同坐轩"，尤其是这些景物的倒影如画，尽入眼中。水底明月，池中云彩，波影浮动，景色绝佳，这便又是借景与造景的完美结合了。

四、江南才俊的诗画情怀

从王献臣为此园取名"拙政"的那天起，就注定了拙政园与其后历世历代文人才俊们难解难分的情缘——江南四大才子之一文徵明、文坛盟主钱谦益及其爱妾柳如是、太平天国忠王李秀成、江苏巡抚李鸿章……这些历史上响当当

的名字，都或者参与了拙政园的构建，或者留下了才华横溢的题名与词赋吟咏，或者据为己有，诗酒流连其中。

拙政园，正是历代文人政客诗画情怀，隐逸思想具体化、物质化后的一方绿洲。这里的每一处景点，每一处题名，每一副对联，无不化形于古雅的文化典故，蕴含着丰富的文化内涵，囊括了文学、书法、雕刻、盆景等各种艺术，分不清到底哪些是物质的，哪些是精神的。

拙政园的耐人寻味，在于它的山水之美、建筑之美、细节之美，更在于那份古朴娴静的神韵。这种神韵，来自那些春秋更迭中日积月累的人文精神，这些精神渗透到园中的一花一木、一水一石、一亭一桥、一窗一屏中，便构成了它整体的文化内涵。

（一）千古文人名宿与拙政园的不解之缘

苏州园林又被称为文人园林。拙政园不仅打开了东方美景的一扇窗，也是一座诗文书画荟萃的博物馆。明清两朝，众多的文坛名宿都曾在这里弄竹调弦，诗酒流连，留下了大量珍贵的诗书画文和传为佳话的趣闻轶事。

提到拙政园，不可不提的便是文徵明。他出身书香门第，大器晚成，诗、书、画三绝并擅，为明代画坛四大家，与唐寅、祝枝山、徐祯卿被誉为"吴门四才子"。他能为拙政园传神写照，其影响可想而知。有人说，"拙政园延留至

今，实有文徵明的图画之功"，这是十分确切的评价。

园中玉兰堂曾名"笔花堂"，与文徵明故居中的"笔花堂"同名，显示了园主王献臣与文徵明之间非同一般的亲密关系。王献臣常邀文徵明到园中宴饮、赏游，文徵明对拙政园的一草一木、一亭一榭怀有深深的眷恋之情，取曾居园中的唐代诗人陆龟蒙"旷若郊野"诗文之意，赋《拙政园若墅堂》诗文。其诗曰："会心何必在郊坰，近圃分明见远情。流水断桥春草色，槿篱茆屋午鸡声。绝怜人境无车马，信有山林在市城。不负昔贤高隐地，手携书卷课童耕。"抒发了澹远闲适的心志。

文徵明常于园中与文友吟诗作画，为园中多处景点书写匾额和楹联，绘图三十一幅，并各有题诗言志。题"小飞虹"诗云："我来仿佛踏金鳌，愿挥尘世从琴高。"

今天的老园门西侧，也就是天平天国忠王府旧戏厅庭院中所植紫藤树，相传就是文徵明亲手所植。经过四百多年的风风雨雨，仍旧生机勃发，藤枝累挂，每年的阳春时节，都怒放着串串珠光宝气之花，人称"一绝"，左近白色粉墙嵌有文氏欣然命笔之"蒙茸一架自成林"。

西园内拜文揖沈之斋的东西内墙，嵌有文徵明所写《王氏拙政园记》《补园记》碑刻，以及文徵明、沈石天半身画像和传记石刻。

明末清初之际，拙政园曾为许多在历史舞台上叱咤风云的人物提供了活动场所。文坛盟主钱牧斋曾在此安置爱妾江南名媛柳如是；《圆圆曲》的作者，大诗人吴梅村（与钱谦益、龚鼎孳并称"江左三大家"），及其儿女亲家清初海宁籍弘文院大学士、礼部尚书陈之遴，都曾在此度过居游岁月。这里还一度为平西王吴三桂女婿王永宁的驸马府。

到了清代，苏州状元洪钧又于拙政园金屋藏娇，安置赛金花。"鸳鸯厅"四角耳室围窗上的蓝色玻璃，还是时任外交官的洪钧从法兰西进口来的，北厅"卅六鸳鸯馆"的楹额，也是洪钧的墨宝。而南厅匾额"十八曼陀罗花馆"则是晚清苏州的另一个状元陆润庠所题。在苏州话里，洪、

陆谐音"红、绿",一(洪)一绿(陆)同邑两状元为同一建筑写匾额,为厅堂增色不少。从史料记载上看,钱谦益、柳如是、光绪年间状元陆润庠以及书法大家何绍基等许多见于文学史志的人物,都曾以拙政园的风物为题,先后留下了文采风流的题咏。

依山傍水、势如苍龙的见山楼,为天平天国忠王李秀成治理公务之所。相传忠王公务之余,常在楼前土墩上和百姓拉家常,受到民众拥戴,看望他的人越来越多,甚至把土墩踩平了。当年苏州百姓念其恩德,曾在山塘街立"民不能忘"的大牌坊。

(二) 文采风流的题名与吟咏

《红楼梦》第十七回《大观园试才题对额,荣国府归省庆元宵》里有这样一段描写:贾府为迎接贾妃元春省亲建造了大观园,大观园建成后景致迷人,却少了匾额题词,贾政知道后,不无遗憾地说:"偌大景致,若干亭榭,无字标题,也觉寥落无趣,任有花柳山水,也断不能生色。"园林中厅堂楼阁,山石池沼的题名、楹联十分重要。题名得体,别出心裁;楹联工丽,借景抒情,都能起到增添游兴、画龙点睛、锦上添花的作用。

匾额大多悬挂或镶嵌于建筑物正墙、房檐、门梁之上,分竖匾和横匾两种,其虽片言数语,着墨不多,但寓意深远,音流弦外。悬于门额则端庄典雅,挂在厅堂则蓬荜生辉。对联则多化用典故,古诗新勇,写景状物,言衷抒情,讲究的是内容的意境及文采,它们集中表现了文化的价值观和审美观。

东园兰雪堂取名于李白诗"独立天地间,清风洒兰雪",堂中《拙政园全景图》两侧悬挂行书长联:"此地是归田旧址,当日朋侪高会,诗画留连,犹余一树琼瑶,想见旧时月色;斯园乃吴下名区,于今花木扶疏,楼台掩映,试看万方裙屐,尽占盛世春光。"

中国古代江南园林

"梧竹幽居"匾额为文徵明题写，"爽借清风明借月，动观流水静观山"对联为清末名书家赵之谦撰写，如果有的来宾读过孔子《论语》，看了这副对联，可能有另外一种心得："仁者乐山，智者乐水。"上联连用两个借字，点出了人类与清风明月的和谐相处；下联则用一动一静、一虚一实相互衬托、对比，相映成趣。

"待霜"的得名则出自唐代苏州刺史韦应物"书后欲题三百颗，洞庭须待满林霜"的诗句，字里行间透出了一股霜浓橘红的山野气息和泥土芳香，有光绪皇帝的老师翁同龢手书之联"葛巾羽扇红尘静，紫李黄瓜村路香"。

雪香云蔚亭内匾额"山花野鸟之间"为当代书画家钱君匋所书，"蝉噪林愈静，鸟鸣山更幽"的对联为文徵明手书，出自南朝诗人王籍的《入若邪溪》。

荷风四面亭中有抱柱联："四壁荷花三面柳，半潭秋水一房山。"用在此处十分贴切。尤其是上联"壁"字用得好，亭子是最为开敞的建筑物，柱间无墙，所以视线不受遮挡，倍感空透明亮，虽然无壁，然而三面河岸垂柳茂盛无间，四周芙蓉偎依簇拥，不是密密匝匝地围成了一道碧荷之墙吗？

见山楼，得名于陶渊明的名句："采菊东篱下，悠然见南山。"下层藕香榭面池的廊柱有对联曰："林气映天，竹阴在地；日长若岁，水静于人。"楼上外侧有隶书对联曰："束云归砚盒，裁梦入花心。"这是郑板桥的旧联，用在此处刚刚符合园主的心情。

"小沧浪"的出典是《楚辞·渔父》，原话是"沧浪之水清兮，可以濯我缨；沧浪之水浊兮，可以濯我足"。用现代的语言来解释，就是倘若朝廷清明，我就洗洗帽缨，准备出仕辅助朝纲；倘若朝廷昏庸，我就洗洗双脚，决心隐退逍遥自在。

小飞虹桥廊，取南北朝宋代鲍昭《白云》诗"飞虹眺秦河，泛雾弄清弦"而命名，小桥呈"卍"形，朱漆栏杆，倒影如虹。

远香堂名取周敦颐《爱莲说》中"香远益清"，比喻君子出淤泥而不染的高洁品质。"远香堂"的楹额，早先是乾隆年间著名学者沈德潜的手笔，因已佚失，由近代书法家张辛稼补写。堂柱立有陆润庠所题楹联："旧雨集

名园，风前煎茗，琴酒留题，诸公回望燕云，应喜清游同茂苑；德星临吴会，花外停旌，桑麻闲课，笑我徒寻鸿雪，竟无佳句续梅村。"是苏州诸多园林中最长的对联，记载了当年八旗奉直会馆达官贵人聚会时的盛况。

绣绮亭，借杜甫诗"绮绣相辗转，琳琅愈清荧"句意题名，亭柱联为"露香红玉树，风绽紫蟠桃""处世和而厚，生平直且勤"。

倚玉轩，门前竹影婆娑，引文徵明拙政园诗"倚楹碧玉万竿长"句题名。

玲珑馆，在"玉壶冰"匾额的两侧，馆外有楹联曰："曲水崇山，雅集逾狮林虎阜；莳花种竹，风流续文画吴诗。"寓意此园景致超乎狮子林、虎丘山之上，并有明代画家文徵明、清代诗人吴伟业的诗画遗风。馆内又有楹联："林阴清和，兰言曲畅；流水今日，修竹古时"，这又取自东晋王羲之《兰亭集序》"群贤毕至""修禊事"于"流觞曲水"上的典故。

鸳鸯厅内十八曼陀罗花馆的楹联是"迎春地暖花争坼，茂苑莺声雨后新"和"小径四时花，随分逍遥，真闲却、香车风马；一池千古月，称情欢笑，好商量、酒政茶经"。卅六鸳鸯馆的楹联则为："燕子来时，细雨满天风满楼；阑干倚处，青梅如豆柳如烟。"前者上联写花，下联写鸟，后者上联写鸟，下联写花，相互辉映，饶有趣味。

留听阁，取唐代李商隐"秋阴不散霜飞晚，留得残荷听雨声"的诗意。

浮翠阁，立于西园假山之上，取苏东坡"三峰已过天浮翠"句命名。

两宜亭，引白居易诗"明月好同三更夜，绿杨宜作两家春"而名，指与邻家墙柳相见。

与谁同坐轩，用苏东坡"与谁同坐？明月，清风，我"之句，抒发园主超脱世俗、清高孤傲的风雅性情；轩柱联有"江山如有待，花柳更无私"句。

总之，如果你到拙政园游览，就等于温习了一本厚厚的栩栩如生的全方位多角度的中国诗词集，同时饱览了中国对联里博大精深的学问。

（三）一部立体的艺术史

拙政园的人文价值，不仅仅在于那些文采风流的题名与吟咏，还在于它每一处细节的考究与典雅，这就涉及书法、绘画、雕刻、盆景栽植等多样艺术了。

文徵明数次为拙政园作画，其中比较有影响、流传至今的《拙政园诗画册》摹绘了拙政园内三十一处景色，集诗、书、画于一体，各全其美，相得益彰，堪称鸿篇巨构。文徵明所作的《王氏拙政园记》石刻位于倒影楼下拜文揖沈之斋，他的字风骨自在，疏朗清秀；《千字文》置西部水廊内，系文八十所写蝇头小楷，笔墨空灵飞动，书艺超群，艺术风格与拙政园的典雅清淡交相辉映。

文徵明书法风格多变，如他题写的"拙政园""嘉实厅"是篆书，"香洲"则为楷书，《志清处》《芭蕉槛》为隶书。不仅如此，即使单拿小楷一种字体来看，又分不同的韵味。《拙政园诗画册》中《芙蓉隈》可见颜真卿的笔法，而《得真亭》《待霜亭》等诗中，又明显可见欧阳询的笔法。

至于清代在园中题名手书楹联的陆润庠、洪钧、何绍基等，近代的钱君匋等，在书法史上都是有名的大家。

名人名园，名不虚传。

精细繁复而华丽雅致的雕刻，也是园中的上乘杰作。

兰雪堂中屏风北面为《翠竹图》，全部采用苏州传统的漆雕工艺，屏门南边的隔扇裙板上刻有人物山水。

秫香馆长窗裙板上的黄杨木雕，共有四十八幅，据行家考证，一部为《西厢记》，另一部为《金玉如意》。其中《西厢记》中，有"张生跳墙会鸳鸯""拷红""长亭送别"等场景，雕镂精细，层次丰富，栩栩如生。夕阳西下，一抹余辉洒落在秫香馆的落地长窗上。加上精致的裙板木雕，把秫香馆装点得古

朴雅致，别有情趣。

留听阁中的清代银杏木立体雕刻松、竹、梅、鹊飞罩。浮雕、镂雕、圆雕相结合，刀法娴熟，技艺高超，构思巧妙，将"岁寒三友"和"喜鹊登梅"两种图案糅和在一起，接缝处不留痕迹，浑然天成，是园林飞罩不可多得的精品。

另外，盆景也是拙政园镇园之宝之一。现今的拙政园专门开辟了一个盆景园。拙政园的盆景属于"苏派"。苏派盆景通常分为树桩盆景和山石盆景两大类。盆景家们运用精巧的艺术手法，对树木、山石进行加工，从而在小小的盆中创造"山川数百里"的袖珍大自然意境。

园中的树桩盆景以"一古、二奇、三怪"为特色，或老干横生，或枝曲姿悬，或多干丛林，造型有悬崖式、枯峰式、卧平式、露根式多种。

山水盆景是根据山水画的原理，布置于洁白的大理石、汉白玉或紫砂浅盆之中，构成秀丽的山水风景。用石有主有次，布局有远有近，饰以亭榭、桥船、人物等小料，充分表现出山川雄伟壮丽，峰回路转，小舟浅泊的四季意境。

此外，拙政园内的家具也是不可多得的艺术品。它们多由名贵的红木楠木精心打磨雕镂，光泽细腻，古色古香，式样别致，为室内增添了饮居气息。

"处处留心，处处皆学问"这句话，在拙政园里，又一次得到了证明。拙政园，就是一部浓缩的立体的江南艺术史。

（四）拙政园整体的文化内涵

中国古典园林有主题，是从晚唐开始的，有主题跟没主题是不一样的。明清的富贵权要和发达了的文人名士，将先秦时代哲人们对生命本义的发现，转化为享受生命的实践，并做到了生活地域、生活环境与生活质量的高度融合。就其本质而言，园林是下野的、富有的、有文化的人物，与下层的、贫穷的、有才智的工匠所共同合作的结晶。绵绵吴中大地，恰恰以物阜丰富、以草木华滋、以文风顶盛、以艺匠技巧，为培植苏州园林这株华夏文明里的富贵风雅之花提供了温温润润的良田沃土。

拙政园的历代主人，大多是饱读诗书的传统文人，孔圣人"达则兼济天下，穷则独善其身"的教诲从小便耳熟于心。而这些文人中，又多是官场失意、辞官还乡的士大夫。见识了官场的尔虞我诈，经历了人生的大起大落，他们已经不复当年那个踌躇满志、怀着安邦济世远大抱负的白衣书生。风风雨雨后，这才想到走上回家的道路，去做泽畔渔翁，去领受清风明月了。人生路途漫漫，却往往走不出简单的轮回，不过这种轮回却往往不是一般的重复。去时，是满船诗书；归来，是一车银两。当年王献臣不花钱，两百亩的土地不可能从天而降。清风明月不用钱买，那只是饮馔精良的园林主人在雅集酬唱之时所发的诗兴而已，只是左右不说一个"钱"字。但这些人物，毕竟给后代留下了这座珍贵的古典园林。

从拙政园各种题名及吟咏中，我们都能感受到当年主人追求淡泊闲适生活的心境，无论"小沧浪"还是"与谁同坐轩"，都在表明一种独善其身，追求隐逸的态度与决心。然而仅仅是这么简单吗？园中有个建筑，叫留听阁，《红楼梦》第四十四回里，贾宝玉与林黛玉乘着姑苏驾娘撑动的木舫在水中游赏，黛玉看到满池荷花时说，我最不喜欢李义山的诗，只喜他一句"留得残荷听雨声"。林黛玉是个极有文化修养的姑娘，多愁善感，聪明绝顶，但又孤傲清高，不愿随波逐流，所以才会对李商隐这句表达冷寂清幽之美的诗句产生共鸣。黛玉如此欣赏的境界就在这里出现了。那些园主，不问世事，把精力投放于花草山水，吟诗作赋，可以说跟林黛玉一样，是一种无奈的忘情。拙政园，讲的是拙于政事，可见主人实际还是忘不了世事，否则何必特意强调呢？

拙政园是心灵诗意栖居的地方，是心灵歇息的后花园，但这里，也蕴含了丰盈的人性。然而到了走出大门的那一刻你还是会意识到——正是在这里，你顿悟了一个真谛：返璞归真。

拙政园

五、雅兴雅韵，美在灵魂

我们常说，人杰地灵。究竟是人杰成就了这方土地的灵气，还是灵秀的土地孕育了杰出的人才？

虽有高墙阻隔，虽是园门紧闭，而拙政园里的一花一木，却与吴中风土有着密不可分的联系。

要想真正走进拙政园，走进拙政园的灵魂，就要深入整个苏州、整个江南的风土人情。单看景是不够的，你还要用江南人细致精巧的心思来品味那雅兴，回味那雅韵。

这里的一切，将带给你至微的感触，至深的感悟。

（一）从拙政园到苏州到江南

1997年12月4日，苏州的四座古典园林，被联合国教科文组织列入了世界文化遗产。对于一个世界性组织向苏州投来的瞩目，苏州的平民百姓像迎接每一场如期而至的春雨一样，似乎并没有表现出惊讶。因为最了解那些古典园林价值的，毕竟是他们。可以说，他们就住在园林里。苏州，本来就是一座园林城市。假如园林都不是遗产，还有什么能是遗产呢？

苏州城是不是园林城市，只看一眼这些立在街头的路牌就清楚了。世界文化遗产名录中所列入的拙政园、留园、网师园和环秀山庄就散落在苏州城的不同角落。苏州人的园林情结暂且按下不表，园林已融入了自己的家乡情，三两句说不清。外地人到苏州，更是必须到园林里看一看。看一看是不是像一些介绍所说的，拙政园真是那般畅朗，留园真是那般精致，网师园真是那般小巧，还有环秀山庄的叠山手段真是那般的高超。在许多人的眼里，没有园林，苏州便不是苏州。

中国古代江南园林

拙政园只是一个起点，可以从这里了解苏州、了解江南。拙政园只是苏州众多园林中的典型代表，而苏州，只是"江南"这个词的代言城市之一。

要想全面了解苏州园林，除上文提到的留园、网师园、环秀山庄，你还可以寻访清幽古朴沧浪亭，假山王国狮子林，如珠似玉园连园，夫妻枕波的藕园……姑苏的山山水水中，镶嵌了不知多少大大小小宝石般的私家园林。

要想全面深入了解苏州，你还要到街头巷尾去，在那私家园林之外，又有苏式传统民居，如果园林是一阙阙高雅的诗词，那些构成小巷的民居就是一首首朴素的民谣。到拙政园里，仅仅饱餐秀色是不够的，你还可以到观前街尝一尝那清淡可口的鲈鱼干脍，酥润糯韧的苏式月饼，那香甜脆软的苏式蜜饯；到虎丘山，赏一赏那活泼顽皮的虎丘泥人；到桃花坞去，买两副鲜美光润的木刻年画……

要想真正了解江南，你还要寻找那淡妆浓抹总相宜的杭州；那悠悠鉴湖水，浓浓古越情的绍兴；那二十四桥明月夜的扬州……

我们来看拙政园，也是来看我们梦中的江南。

（二）昆曲中的拙政园

拙政园不仅美，而且美得深入人心。它的美，在于那份雅兴，在于那份雅韵，在于它美到了灵魂。正如美人，天生丽质的固然多，有了内在气质韵味则更是上品中的上品。

无论朝代更迭，岁月变迁，拙政园历来都是一座琴棋书画的风雅之园。

西园归清朝富商张履谦所有时，因张履谦及其孙张紫东都雅好昆曲，所建的卅六鸳鸯馆，顶层结构为"卷棚顶"，音响效果甚佳。当年主人在堂中高坐，地上铺红地毯，演出过《牡丹亭》《西厢记》《长

45

生殿》等昆曲折子戏。昆曲艺术家俞振飞常随其父"曲圣"俞粟庐来此园度曲授课。

中国古代江南园林

俞粟庐是我国清末民初三大曲家之一，他自幼爱好昆曲，师承"叶派"，专工小生，勤学苦练，博采众长，有"江南曲圣"之美誉。他在当时长住补园，为张履谦的儿子、孙子按笛授曲。俞粟庐56岁得子俞振飞，倾其心血，精心传授，俞振飞日后成为著名的昆曲艺术大师。张履谦的长孙张紫东学曲勤奋，得师真传，也成为著名曲家，被誉为"吴中老生第一人"。而俞振飞是在补园内长大的，园中优美的景色和艺术氛围，让他获益匪浅，他塑造的一系列昆曲剧目中的纱帽生、巾生、冠生、扇子生、雉尾生等，充满了儒雅俊逸、超群绝俗的书卷气，独具风格。昆曲艺术已被联合国教科文组织列入人类口述和非物质文化遗产，当年补园中的曲声雅音，似乎仍然回荡在多年后重加整修的拙政园中。

石头昆曲风行过勾栏，评弹悠扬于里巷，说不上哪一种形式更能够代表苏州。那些风雅并不仅仅属于园林主人，姑苏古城到处可见充满文化情趣的店铺。明代有一首姑苏竹枝词，是这样写的："外边开店内书房，茶具花盆小塌床。香盒炉瓶堆竹几，单条半假董其昌。"一条董其昌的书法，即使是赝品也似乎毫不妨事。苏州的冯梦龙采集过众多的话本，这些话本好是好，可那是听过就算了的，装点家中的风雅，还得要名家的笔墨来补壁。字可以是假的，但苏州的风雅却是真的。

苏州本也是一座风雅之城，风雅向来是苏州的气脉。这烟水迷濛的城市，不只是靠鲜蟹活虾、嫩藕鲜菱来喂养。若仅仅是物产丰美，马可波罗绝不会说苏州是世界上最美丽的城市。

（三）永远的拙政园，永远的江南

《苏州府志》记载，苏州园林明代有二百七十一处，清代有一百三十处，甚至闹市宅第、乡野民居，也常于房前屋后辟庭为园，凿池叠山，植树育花，养鸟饲兽。

拙政园，只是江南人追求生命质量、注重生活品味的一个侧面。如果把江南比作一座园林，拙政园就是其中的一方小园，它虽然不大，但可以通达江南的任何一个领域。如果将江南比作一道幽深的长廊，拙政园就是一方长廊里的漏窗。它虽然精小，但可以窥见江南这个百亩方塘的全貌。

越来越多的人，从五湖四海、五洲四洋赶来看拙政园，拙政园已经成为苏州文化的一枚书签，一个江南文化的小小标记。

历史的颓垣早就埋没了吴宫花草，吴门烟水里，也已不见了唐朝的渔火江枫。但范成大笔下的菜花却依然是金灿灿地开着。石湖的蝴蝶，年年也都抒情地飞舞，飞舞在苏州的每一个春天。

我们到拙政园来，我们到这里来还原一个梦中的江南。这里有"雨丝风片，烟波画船"；这里"日出江花红胜火，春来江水绿如蓝"。

总之，只要你到过这里，以后无论你走到哪里，看到小桥流水，看到杏花春雨，你都会想起那永远的拙政园，那永远的江南。

拙政园

苏州园林

中国古典园林艺术在空间原则和美学品味上，有着与西方园林不同的独特魅力。而中国北方园林与南方园林又有着各自不同的特点，可谓风格迥异、各有千秋。苏州园林作为中国南方园林的代表，以婉约含蓄、典雅清秀而闻名天下，因此有"江南园林甲天下，苏州园林甲江南"的美称。

一、历史篇

（一）苏州城的地理人文特点

中国古代江南园林

苏州，一个被誉为"天堂"的城市，古称吴，现简称苏，曾有姑苏、吴都、吴中、东吴、吴门和平江等多个古称和别称。苏州城始建于541年，吴王阖闾在南征过程中，命伍子胥建阖闾城，

阖闾城便是苏州最早的城垣。隋文帝开皇九年（589年）始定名为苏州，以城西南的姑苏山得名，沿称至今。它是全国首批24个历史文化名城之一，传统文化丰富、历史底蕴深厚、风景秀美如画，是吴文化的发祥地，是中华文明的重要发源地。

苏州是我国的大城市之一，是江苏省的经济、对外贸易、工商业和物流中心，也是重要的文化、艺术、教育和交通中心，更是全国重点风景旅游城市，拥有世界文化遗产、中国十大风景名胜之一的苏州园林和其他大量的自然景观和历史古迹。

苏州城的四周建有水路城门，城内前有街道，后有河流，河街并行，河面有各样拱桥相连，市民大都临河而居。有诗赞："君到姑苏见，人家尽枕河。古宫闲地少，水巷小桥多。"形象地反映出苏州"小桥、流水、人家"的水乡特色。除此之外，它还有"行腔优美、缠绵婉转"的昆曲，"文词雅驯流畅"的苏州评弹，"宁静典雅、蕴藉风流"的吴门画派，还有"明净强烈、精丽写实"的桃花坞木刻年画以及"虽由人作、宛自天开"的苏州古典园林等多种艺术形态。

苏州园林有着如此悠久的历史和如此高的艺术成就，绝非偶然，这是由它诸多优越的条件决定的。

首先是由于苏州城独具特色的地理格局。从城市布局上看，苏州"河街并行，水路相邻"，严谨规整、匀称明朗。城内水巷交错、街衢纵横，苏州古城就

处于纵横交织的水网之中，纵横交错的河道格局规划着苏州城的布局结构。这些河道既是城市饮水、排水和交通运输的渠道，又兼具城市防御等作用，同时也是连结城乡、沟通外界的纽带。因此，河道街巷和水路城门共同营造了苏州城独特的双棋盘式结构布局。

其次是苏州优越的自然条件。园林的修建要满足四个基本要素：建筑、叠山、理水、花木。要造园就必须有丰富而优良的自然资源和优美的自然环境，以满足园林修建的四要素。在这方面苏州的条件可谓得天独厚。

苏州地处长江中下游，山、水多源自太湖。苏州山美，所以多产美石，尤其是太湖石——园林叠山造景的石头大多都是太湖石。太湖石是古代四大名石之一。宋朝著名书画家米芾，因痴迷玩石被称为"米颠"，他说太湖石有"瘦透漏皱"的妙处。范成大写的《太湖石志》中记有太湖石多种，皆可为园林造景所选用。

苏州素为水乡泽国，以太湖为依傍，湖泊星罗棋布，水网纵横交错。苏州园林之中，水也是得天独厚；无论城乡，皆河流溪荡，触目皆是，且湖湖相通，溪溪相连。苏州城内的水也是密如蛛网、四通发达。元朝时，意大利人马可·波罗在其游记中称赞苏州为"东方威尼斯"。苏州园林之水或引自园外、或平地开挖、或靠泉水喷涌，皆为有源活水，永似明镜，绝无干涸，园林灵秀清丽的风格也因水而生。

此外，花木在园林之中也是十分重要的。童寯的《江南园林志》中认为"园林无花木则无生气"。苏州土地肥沃、雨水充沛，地处北亚热带湿润季风气候区，气候温暖湿润，四季分明，适宜花木生长，所以苏州植物种类繁多，文人墨客也多寄托花木来表达心境，也体现出文人对园林花木的情有独钟。

可见，苏州的山美、水美、花草美，这些都是苏州造园的自然资源。就地取材，舟车方便，为造园提供了有利的条件。因此，苏州成为"园林之城"也是历史的必然。

再次，苏州雄厚的经济基础是造园的根本。造园是一项极其耗费财力的工程，所以经济与园林的发

展有着密切的关系。苏州自古以来就是国家的文化经济中心，物产丰饶，富甲天下，是我国主要的粮食产地，渔业资源也极其丰富。它又是蚕桑业中心，被誉为"丝绸之府"。而且手工业也相当发达，商品交易十分繁盛，使得苏州成为全国最为富庶的城市之一。可见，苏州园林之盛和它雄厚的经济实力是分不开的。

最后，苏州有着深厚的文化底蕴和众多的能工巧匠。苏州文化源远流长，自古人文荟萃，号称"东南文物之邦"，历史上曾涌现出众多文化名人，如：西汉辞赋家朱买臣、严忌、严助；南朝文学家张翰、史学家顾野王、画家陆探微、张僧繇；唐朝书画家张旭、陆柬之、孙过庭；雕塑家杨惠之；诗人陆龟蒙等；宋朝诗人范仲淹、范成大等；元朝画家黄公望、工艺家朱碧山，诗人高启；明朝人才多不胜举，以"吴门画派"为旗帜，先后出现了沈周、文徵明、祝枝山、唐寅、王宠、仇英等诗书画人才群，另如诗人钱谦益、通俗文学家冯梦龙、文学批评家金圣叹、篆刻家赵宦光、戏曲家张凤翼和梁辰鱼、建筑家蒯祥等；清朝诗人、文学家则有：吴伟业、汪琬、徐乾学、顾炎武、沈德潜、叶燮、毕沅、曾朴等和画家王时敏、王鉴、王翚、王原祁等众多有影响的文坛名流。这些诗人、文学家、书法家、画家、戏曲家、建筑家、雕塑家、工艺家，把他们的才气倾注或影响于园林的建造，使苏州写意性的山水园林更具文化底蕴，更见艺术光辉。

（二）苏州园林的历史沿革

苏州园林起始于春秋，发展于汉唐宋元，全盛于明清。在苏州地区，历史上曾出现过各种园林达一千多处。在历经了两千五百多年的历史沧桑后，仍有许多园林经历代修整保留至今。据统计，苏州现存的古典园林有四十多处。悠久的历史给苏州留下了大量优秀的文化遗产，其中古典园林便是其中一朵绚丽的艺术之花，其数量之多、造诣之深，乃世所罕见。

中国古代江南园林

在距今两千五百年前的春秋时代，吴王阖闾利用苏州郊外的自然山水，兴建了姑苏台，"三年乃成""横亘五里"。之后，吴王夫差又扩建姑苏台，规模宏伟、建筑华丽。同时，又在太湖之滨建立了风景园林和离宫别苑，这是苏州最早的园林建筑。其规模之大、年代之久，在世界园林史上有着极其重要的历史文化价值。

苏州最早的私家园林是东晋时期的顾辟疆园。其中林泉池馆之胜，名噪一时。东晋以后、豪族内迁，一些官僚地主羡慕苏州物质富裕、生活舒适，于是纷纷来到这里定居养老。因此，私家园林逐渐兴起，造园艺术又有了新的发展。

在隋朝至唐朝的三百多年间，江南社会发展比较稳定，随着大运河的开通，经济中心南移，苏州当时呈现出一派繁华的景象。著名诗人白居易曾有"当今国用多出江南，江南诸州，苏为最大"的评述和"甲郡标天下"的美赞。这时，一些豪门世族也都聚居苏州，为苏州园林的建造提供了充分的条件，当时的虎丘、灵岩、石湖和洞庭东、西山等，都已成为风景优美的游览胜地。这些地方都以自然山水为主、追求山乡野趣，这也是当时园林风格之一。

唐朝衰败后，五代十国的割据状态虽然使统一的中国一度分裂，经济遭到破坏，但是对南方经济的发展却有一定的促进作用。苏州经济继续发展，成为全国最为富饶的地区之一。因此此时官僚贵族的造园极为盛行。吴王钱镠之子钱元璙"好治园林"，大兴土木，建造南园和东庄，规模十分宏大。其部将孙承佑也大造园林，具有"崇阜广水""杂花修竹"的自然景色。现在的"沧浪亭"就是在其遗址上经历代改建而成的。统治者不仅广造园林，还极力提倡佛教、兴建佛寺。如虎丘山的云岩寺、开元寺等。

宋代，苏州经济更为繁荣，有"苏湖熟，天下足"的称誉，又是全国丝绸业的中心，造园更是风行一时。北宋末年，为宋徽宗采办"花石纲"的朱勔，除大力采集太湖石和名贵花木，运送到汴京建造"艮岳"外，自己也乘机发迹，在盘门内建造乐园和绿水园，其中有十八个鱼池、分养各类观赏鱼。宋代士大夫在苏州所造之园还有苏舜钦的沧浪亭、史正志的万卷堂（即网师园前身）、蒋希

鲁的隐园及姚淳、戴团颙等所造园林，其中以朱长文所造乐圃尤为著名。苏州郊外有许多风景优美之地，也先后出现了一批官僚地主的园林和别墅。南宋时，临安（今杭州）、平江（今苏州）、吴兴（今湖州）都是贵戚官僚聚集之地，因苏杭经济发达，园林众多，因而可供人游玩之地目不暇接，因此有"上有天堂，下有苏杭"之说。宋末，金兵南下，苏州一度遭到较大破坏，但很快得以恢复，再次出现了繁华局面。意大利人马可·波罗在游记中说："苏州是座颇名贵的大城，居民持工商业为主，产丝甚饶，以织金锦及其他织物。"

元代，由于战乱频繁，整个南方经济处于滞缓状态。但在苏州称王的张士诚，造有锦春园。园内假山池塘、厅堂楼阁，样样俱全。并别出心裁地把锦帆泾浚成御园河，和妃子们在此扬帆荡舟。元至正二年（1342年），天如禅师建造了狮林寺（今狮子林）。园内石峰林立、玲珑峻秀、山峦起伏、气势如虹。这种精巧的艺术构思和叠石造山的卓越技艺，充分反映了这一时期我国劳动人民的高超智慧和艺术创造才能。

明清两代，是我国造园艺术的高峰期。这一时期，苏州手工业迅速发展，出现了资本主义经济的萌芽，经济的发展使造园之风兴盛。大小官僚、文人雅士争相造园，在当时形成了一种社会风尚。当时，苏州城的居民大多在房前屋后开辟小型庭园、使苏州成为全国闻名的"园林城市"，而且江南一带也涌现出一大批造园艺术家。如明代的计成、文震亨、张涟和周秉思，清乾隆时的戈裕良、石涛和仇好石等，都曾名噪江南，建树颇丰。

苏州园林有着如此悠久的发展历史，使它形成了自身独特的艺术魅力，在世界园林史上光辉夺目，成为世界两大造园体系中东方造园体系的主要代表之一。

二、景观篇

苏州园林在中国传统的哲学思想和江南地区丰富的文化底蕴的影响下，将园林规划、建筑设计、绘画书法、工艺雕刻、堆山叠石、花木盆景、诗词楹联、家具陈设等艺术融合成一体，形成了独特的风格。

（一）中国传统哲学中的自然观在苏州园林中的体现

第一，道家思想中的自然观在苏州园林中的体现。从老子《道德经》中"人法地，地法天，天法道，道法自然"的论述，可以看出中国传统哲学中的道家学说是提倡"天人合一"，崇尚自然的。在这种思想的影响下造园家们把建筑、山水、植物有机地融为一体，在有限的空间内利用自然、模拟自然，把自然美与人工美统一起来，创造出了与自然环境协调共生、天人合一的艺术综合体——园林艺术。其哲学和美学带有非常浓重的自然主义、生态主义。道家在哲学上以"自然无为"为理念，这里的"自然"不是自然界里的具体事物，而是顺应本性，不强作妄为。"道法自然"是道家哲学的核心，道家的思想方法和对世界本质的理解正是建立在"道法自然"这一观念的基础上的。"道法自然"的思想包含了深刻的哲学内涵，其宗旨并非对自然的简单模仿，而是重视自然美的创造以及对自然的精神体验。道家讲究人与自然的统一，它对自然的审美感受是在人对自然的超越中得到的，这种审美感受是自由、逍遥、不受约束的，显然这较之于儒家处处从自然中找寻道德精神的比拟象征，是一种更为纯粹的审美感受。

道家思想重视个体的生命价值，与重视人的群体价值的儒家文化互补，因而在魏晋时期，形成了儒道互补

的文化格局。汉末的战乱，让中国的知识分子开始更多地思考生命的意义等终极问题。随着儒家道德约束力的下降，张扬个体生命价值的道家思想的影响力不断扩大。到西晋末年，大批贵族为躲避入侵者而南渡长江，江南逐渐成为文化中心，士大夫们为了回避官场倾轧，开始流连于江南秀美的山水之中。在这一时期，出现了大量山水诗人和山水画家，他们的诗歌绘画相继影响到了私家园林的创作。

作为一种集居住与观赏为一体的建筑，园林从一开始就源自道家的出世思想，以模拟自然意境为目的，所以江南园林非常注重分割和布局，富有浓郁的艺术气息。例如，位于苏州的网师园，占地仅8亩，却形成了一组组层次丰富，错落相连，有节奏、有色彩、有对比的空间、这样的园林空间感的产生，也就具有了道家超凡脱俗、回归自然的出世思想。苏州私家园林的建造者或拥有者常常是那些告老还乡的官员、躲避官场的隐士或是流连秀美环境的富商巨贾，其思想来源也是和道家的超凡脱俗、回归自然的出世思想密切相关的。

苏州私家园林崇尚人与自然的和谐，重视自然与人的统一，这种天人合一的思想体现了中国人对自然的尊重。从老庄崇尚自然到以表现自然美为主旨的山水诗、山水画和山水园林的出现、发展，都贯穿着人与自然和谐统一的哲学观念，这个观念深刻影响了中国园林艺术的创作，苏州古典园林作为天人合一的生态艺术典范，也正是来源于对道法自然和天人合一的完美遵循。

第二，儒家思想中的自然观在苏州园林中的体现。儒家学说是中国传统哲学中重要的内容之一，其思想主张入世、积极参与社会活动。读书人接受儒家这种教育观念踏入仕途，常常会遭到打压和排挤，在政治诉求不能如愿的情况下，选择辞官避祸，追求精神上的解脱，人的世界观和价值观也随之转变。他们会通过"物"来寄托思想，通过"物"来表明心志。如"拙政""退思"等，表达政治上避祸和隐忍自好的主题。

儒家也常常用山水、植物作道德精神的比拟，如"嵩高维岳，骏极于天"

中国古代江南园林

"知者乐水，仁者乐山""岁寒，然后知松柏之后凋也"等等，前一句孔子用高耸的泰山和山水来比喻君子的品格；后一句孔子则把自然物的某些特点和人的道德联系起来。孔子认为：自然山水和松柏之所以惹人喜爱，是因为它具有某种和人的精神品质相似的特性，孔子的这个看法就是自然美的"比德"说。所以中国后来的士大夫，都喜欢用山水或者松、竹、梅、菊等高洁的自然事物来自喻人格，以达到借物抒情的目的。

这种"比德"观念，对后来文人书画和园林山水的创作产生了很大影响，并由此形成了一个十分有意义的思想基础，也由此形成了一个强调因物喻志、托物寄思、感物兴怀的比兴传统。中国古代园林创作中的"比德"观念，主要来源于它对山水诗、山水画依附对象的继承，多表现为通过梅兰竹菊或者"岁寒三友"等植物来比拟高洁的品格，如欣赏松的岁寒后凋，梅的独傲霜雪，竹的虚心有节，兰的处幽谷而香清，荷的出淤泥而不染等等。在园林创作中"物我合一"的景观形态，是这一思想的又一体现。

第三，传统哲学中的自然观对苏州园林设计的影响。儒家与道家学说都主张人与自然和谐相处，追求天人合一的境界。儒家多从"理""性""命"等方面论证天人关系的合一。而道家的"天人合一"更注重人对自然的关注和感受。

从总体上来说，无论是道家还是儒家，中国传统哲学中的天人观是整体性的大生命观，把"自然看成是一个和人类密不可分的超级生命体，人类是自然万物中最灵秀、最尊贵者，其贵在于善思能辨，能意识到自身的价值。人类的伟大和尊贵不是表现为对天地万物、对自然界的征服，而是在于人类能自觉地为整个大自然着想，善于事天、补天，和大自然共发展、共存亡"。人与天地万物为一体的道理促使我国的古人在生产、生活等活动中增加了对自然环境的爱惜之情，与之心心相印，融为一体。"天人一体"的观念也为西方近代生态理论和环保主义的兴起提供了重要的价值取向。

"天人合一"的自然观深深地影响到了苏州传统园林的设计。无论是在造园思想、造园宗旨上，还是在园

林设计、园林意境风格上，都受到了中国传统哲学"天人合一"的自然观的浸润和濡染。由此，直接影响到苏州传统园林的有若自然、融会自然、自由生动、秀逸闲情的造园风格，正所谓"智者乐水，仁者乐山"。另外，苏州园林主人的心态、意趣、地位、身份也决定了苏州传统园林有若自然、融会自然、享受自然的造园风格。

回顾历史，苏州传统园林的主人，大多在朝任官，或退休，或因故退隐，回归后造园，也有一部分是历经风雨、沉浮江湖而归隐后享受清闲的商人。以上苏州园林的主人的共同特征是：他们都厌倦了官场或都市的喧嚣与人性的复杂，想寻找自由的乐土以安度晚年。由此，苏州传统园林的设计必然将脱离严谨的布局，而转向自由活泼的章法，以适应苏州园林主人的心情。所以，出现融会自然、享受自然的园林风格是必然的结果。

（二）苏州园林格局与功能的设计

苏州园林的造园宗旨为"虽由人作，宛自天开"，其造园必然是一种"贴近自然、创作自然"的结果，然而它们决不是机械地模仿自然，或被动地顺应自然，而是在记录了自然的"形"之外，还表现出自然的"神"，并寄托了主人的"情"，正所谓"创作自然，借景寓情"，情景交融、浑然一体。总的来说，苏州园林的造园设计在"创作自然、借景寓情"的手法上遵循了这样几个原则：(1) 因苏州传统园林规模一般不大，在有限的地域空间里，则以曲折含蓄、移步换景之法，引人入胜，令人回味，避免全盘托出、一览无余。 (2) 人工开凿的山石水池，要做到"巧夺天工""宛自天开"，避免牵强附会、强搬造作。(3) 建筑物的风格设计要与周围景物相适应，切忌争奇斗胜，以免画蛇添足。(4) 花木景色的配置上要有连续性，避免杂乱无章。 (5) 画面中景物的安排，要有构图层次，突出重点，避免纷繁混乱或空洞无物。

下面分别从建筑分布、理水掇山、花木配置三个方面来探讨苏州传统园林的设计思想是如何体现出"有若自然"的理念的。

第一，建筑分布。

造园必须"因地制宜"，才能"构园得体"。建筑物在苏州园林设计中如同灵魂一般举足轻重，所以计成在他的著作《园冶》中说："凡园圃之基，定厅堂为主。"主要建筑的位置一旦确定，全园的景色布局将依此衍生变化，这样才能建造出各式各样的园林景观。苏州园林中的建筑一般以厅、堂、楼、阁、榭、舫、亭、廊为主，除此之外，还辅以馆、轩、斋、台、门楼、照壁等，种类繁多，以满足园主人可居、可观、可行、可游的要求。建筑物在园林中的巧妙设置可起到画龙点睛的作用，为自然景色起到点景作用，为园林增色。

厅堂作为主要的建筑物，在设计上一般均选取居中的主要地势，并习惯于坐北朝南。这反映了中国建筑设计上的一个主要特点，是长期以来积淀形成的建筑模式和造园规律，计成在《园冶·屋宇》中说："堂者，当也。谓当正向阳之屋，取堂堂高显之义。""当正"即居中的意思，"向阳"就是面朝南对着太阳，"高显"就是高大宽敞，所以厅堂一般为全园最宏大的建筑，在所有建筑中，居主要的地位。从厅堂向北望，往往设计成全园最主要的景观，一般是以池水与假山所组成的山水景观。景观向南朝光，在阳光的直射之下颜色明朗。厅堂与假山隔水池相望，一边为人工之建筑，一边为仿自然之山水，形成绝妙的对比，反衬出山水的天然情趣，也使园主人不出厅堂可享天然林泉之乐。厅堂南面也配有景观，使主人在厅堂中可欣赏到南北不同的景色。厅堂的建筑设计一般为大殿型，高大宽敞，南北为门，东西设窗，玲珑通透，便于观景，和四周景物结合得十分紧密。

楼和阁也是苏州园林中较重要的建筑物，巍巍高耸，供园主人登高观景。楼在设计上规模稍大，而阁则稍小，一般为二层，四周门窗，形体比楼更空透，便于园主人四面观景。因楼阁有垂直高度，故此在设计上应与边上树木的高度相适应，树冠与屋顶、墙面互相辉映，

苏州园林

59

才有自然的韵味。有一些楼阁建在土山之上，成为全园的制高点，登楼可眺望全园，当树木茂盛之时，一般不能将全园景色尽收眼底，这也是园林设计师"含蓄"的造园艺术追求，避免一览无余、缺少悬念。还有些楼阁设计得更加巧妙，它建在石台或石屋之上，下为假山石堆成的石台、石屋，模仿野穴的风格，拾级而上，就可登楼，如苏州沧浪亭的看山楼。

榭，即临水的建筑，往往和水一起形成整体的风景，与轩一样，都属于规模较小，玲珑精致、穿透开敞的建筑，不同的是轩一般建在高旷的地方。榭的功能在于榭是水边景色中的点睛之笔，可供游人临水观鱼，赏花析木。而另一种水中的杰出建筑则非舫莫属，舫又称石舫，是仿造船的外形的建筑，一般建于水边，向水池中伸出或直接建在水池当中，以平桥相连。舫"原是湖上一种构制精美，装饰华丽的船，又称画舫、游舫"。石舫完全以建筑来模仿现实中的画舫，其正面船头及侧面船身、船楼与画舫极为相似，如狮子林池北的石舫。也有一些舫只以抽象的形式来象征画舫，没有刻意模仿船头和船身的式样，但也建在水中，颇有些迎风破浪的感觉，如怡园的石舫。苏州园林中设计最为精妙的舫既非写实，又非象征，而是集多种建筑类型之美，以拙政园的"香洲"为代表。香洲石舫在设计上分成四部分，第一部分为船首，实质即为船首形石台，放置石桌一张，既可下棋，又可品茶。第二部分即舫的前舱，为一亭状的建筑，屋顶为前后向卷棚歇山，四角反翘欲飞，由四根柱子相撑，与船首的平台构成互补的空间关系。香洲的第三部分即为船的中舱，设计为水榭的样式，比第二部分的亭子稍低，屋顶为左右向硬山坡顶，舱壁为花窗。第四部分为舫的后舱，其实是两层楼阁建筑，可登楼眺望园景。屋顶也为左右向卷棚歇山、檐角卷翘。底楼墙壁以粉墙为主，二楼为雕花漏窗。楼上楼下互为对比，取得视觉上的一致。前、中、后舱的设计相当精妙，前后高中间低，上下错落，参差有序，加上精美细致的雕花漏窗，灵曲舞动的屋顶，表现出一种赏心悦目的韵味。香洲可称之为苏州园林中舫的代表作。

亭、廊是苏州园林设计中使用最频繁的建筑。亭为园林点景之用，廊如同园林之血脉。亭者，停之义也，供游人观景时休息之用。从结构设计上看，绝大多数为四面无墙的独立亭，也有两面建墙，一面为窗的，还有倚墙而建的亭，更有只建一半之亭，称为半亭。亭的主要变化在亭的顶，有三角、四角、五角、六角、八角等，外形有三角形、方形、矩形、圆形，还有扇形、梅花形。屋顶的形式有攒尖顶、歇山顶、屋顶层数有单檐、重檐等，花样繁多，设计巧妙。廊是园林设计师手下最富有灵活性又最具有可塑性的建筑，"园林游廊为园林的脉络，在园林建筑中处于极重要的地位"。曲折流转，甚至高低错落，均可流通自如。或空透，或设单墙，可作为景点，既分隔了空间，又增加了景致。全园的亭台楼阁和池桥都有长廊相连，形成整体。除了增加美景，当然还有使游人免遭日晒雨淋之妙用。根据需要，园林设计师还设计出直廊、曲廊、单廊、复廊之别。复廊即两条单廊之组合，中间以花墙分隔，墙上开漏窗，设千奇百变的精美花纹，透过漏窗，可对视成景，堪称绝妙。

馆是接待宾客的地方，也有和斋一样专门供人读书的地方。馆的设计与厅堂相似，只是规模较小，斋的规模则更小。建筑形式的设计上以简朴为主，毕竟豪华美艳的读书空间不利于集中注意力，所以一般均为数间小房，装饰素雅。馆和斋一般设在园林中较为僻静的地方，取其幽静，"书房之基，立于园林者，无拘内外，择偏僻处，随便通园，令游人莫知有此"，不影响用功勤读，所以常用小院将其围起来，相对隔离，也是为了不受外界的干扰，专心致志读书写作。院中也不繁花似锦，只种植一些梧桐、芭蕉，点缀几丛兰花，竟已增添了不少文化气息，别是一番天地。

除以上介绍的园林建筑设计外，还有室、轩、门楼、照壁、花墙、平台等，均有出色的表现。园林建筑上的设计总体上是遵循"自然"的原则的，所以鲜有重复的亭台楼阁的式样，绝对避免布局上的对称，甚至花窗的式样也各不相同，表现出苏州传统园林"有若自然"的宗旨和园林设计师

非凡的聪明才智。

第二，理水掇山。

无论是东方自然规划式园林，还是西方整齐规划式园林，在造园设计中，水总是不可缺少的重要组成部分。以苏州园林为代表的东方园林中，水的设计是以静态的水景为主的，以咫尺池塘模仿烟波浩渺、静寂深远的境界。"园林艺术中的理水，有聚、散之分，小园之水，以聚为主；大的水面，则要适当分散。"水边、水中或以假山与水互相辉映，或以水榭、石舫互相点景。游者可凭栏观看水中莲荷之美，或观游鱼之自在，清山绿水，影如明镜，真有令人陶醉的意境。然而东方自然规划式园林也不全设计为静水，也有小涧细流，瀑布挂垂，这种动态之水也完全是自然式的追求，与西方整齐规划式的园林中水的动态设计有着本质的区别。西方整齐规划式园林中水的设计一般以喷泉艺术为主，是一种典型的人工动态水的设计。在西方整齐规划式园林中，一般均设计为规则形的水池，或方整、或圆形，在水池中设置各种喷泉。最早利用机械装置引水，后来发展成多种形式的喷泉，并结合各种雕塑，形成特有的喷泉艺术组合。而在意大利的庄园中，园林的水设计为台阶式的瀑布，水沿着台阶层层跌落，形成立体的动态水景观，其艺术水准令人叹为观止。

苏州园林中的水景设计也处处体现出设计师对自然的追求，所以在水池的设计上，绝大部分都有自然曲折的池岸，岸边堆砌自然形石块护坡护住泥土，既合乎自然的追求，又不会轻易崩塌。水池中水质的保护也是苏州园林设计中非常重要的一环。因苏州水巷颇多，如条件允许，则建水栅直接与外河相通，也有开暗渠使园水与外水沟通互流。如有一潭死水的情况，则在池中种植水生植物，如荷花、睡莲之类，为了不使荷花等水生植物过度繁生而长满整个水池，以致于整个池塘失去了清澈幽邃的意境，造园者常把荷花种在大缸之中，再将缸沉入水底，有效地控制住了荷花的生长点及分布，以造出"沧波渺然，一望无际"的意境。

在水池岸边的处理上，一般适当留出空地，布以景物，与自然天成的池岸

中国古代江南园林

叠石相呼应，参差错落，胜似自然天成，特别是在岸边还灵活随机地散置一些石矶，伸入水中，使之与池岸有断有连，若接若离，更加丰富了池岸线的整体自然感。池边的景物设置非常讲究，避免多、高、大、实，否则将喧宾夺主、画蛇添足。池岸的布置更妙者在于其不仅将注意力放在岸边的范围，而且注意整体的协调组合，利用水幽远流转的布置，不仅把池边景物连接起来，更有向外的延伸，如在石岸下设水口洞穴，使人感觉池水通入其中，不知深浅，幽深莫测；还有将水榭、水阁凌架于水面之上，让水在其下穿越而去，似乎源远流长，增添了本来有限的池岸的意象性、含蓄性、延伸性，表现出池水绵延无尽的自然意境，"园林中的水不论是洁净之美、虚涵之美，还是流动之美、文章之美，都能令人意远……一言以蔽之，就是志清意远。园林中水的设计极大限度地发挥了园林设计师的聪明才智和苏州园林"虽由人作，宛自天开"的理念。

在苏州园林中，山石布局与叠造设计和水景一样，是造园中最主要的组成部分。由于苏州园林以表现自然山水之美为宗旨，而苏州城中没有天然的山水可利用，而且园林规模又不大，于是，苏州的文人名士从中国山水画和文学作品中山水诗词的意境中得到启发，采用概括提炼的手法，以"写意"的方式，用人工叠石来模仿崇山峻岭的意境，将自然山岭进行"移天缩地"式的典型化处理，所以传统哲学中"道法自然"的思想成了园林设计者造园的指导思想。从建造石景开始，绝对避免矫揉造作，尽量摒弃种种人工构建的痕迹，讲究石之脉络气势，"石无定形，山有定法……假山平处见高低，直中求曲折，大处着眼，小处入手。"以达到自然天成的效果。所盛之山的真实规模不大却能体现自然山川的种种形态和神韵，追求艺术上的自然真实。

写意式叠山既然要表现自然界中真实山岭的多种自然形态，如峰峦、峭壁、沟谷、丘壑等，就不得不借助于石料的运用。苏州园林在叠山的石料上，一般运用太湖石和黄石两种石料。太湖石是太湖地区的特产，湖石经湖水千万年的浸泡、侵蚀，形成了

特有石貌，是园林设计师们首选的叠山珍品。"瘦漏生奇，玲珑安巧"。好的太湖石色泽淡青、自然朴雅，其色与中国画传统颜料中的"石青"色相近，是华夏民族色谱中较重要的色彩，用于苏州传统园林再合适不过。而太湖石更可贵之处在于它玲珑剔透、婀娜多姿的品质，具天然雕饰之美。古今园林艺术家将太湖石的审美标准概括为：瘦、漏、透、皱四个字。瘦者，即为挺拔、苗条；漏者，即为石表面的肌理和洞眼；透者，为石头的一些大的孔洞，前后相通，直接相通者颇佳，人眼能透过石洞透视后面的景色。婉转相通者更妙，有一种天然洞穴幽深的自然景观，"赋予三维空间的实体以嵌空玲珑、丰富奇特的充分表现"。皱者，即为太湖石的表面纹理不能平整光滑，而应有自然的皱褶，纹理纵横，脉络相交，乃为上品。苏州园林中的假山大多数以太湖石叠砌而成，其代表作是苏州环秀山庄的假山，虽然规模不大，但却有崇山峻岭之感，步入其内，如同走进深山野岭，有身临深壑幽荡、崇岭险峻之感，"其竖石运用宋人山水的所谓'斧劈法'，再以镶嵌出之，简洁遒劲，其水则迂回曲折，山石处处滋润，苍岩欣欣欲活了，诚为江南园林的杰构"。令人不得不叹服造园者之匠心。

除用太湖石造假山之外，也有一些设计师以黄石叠山。黄石有一种不事雕琢的粗犷之气。去了太湖石的纤巧，却多了一份浑厚刚毅，是去华取朴，别有一份真气。"黄石是处皆产，其质坚，不入斧凿，其文古拙……俗人只知顽夯，而不知奇妙也"。如苏州个园的假山，以黄石堆砌，有峰回路转之意，且色泽赭黄，淳朴自然，确是一幅很有分量感的自然山水画。其山体设计为东西两部分，两部分之间设计了一个"邃谷"，两壁如削。东部山势设计尤佳，山体渐高而止于绝壁，直削而下临于水池，与壁缝所长古藤悬萝相配，饶有自然风味，又于山壁边设蹬道，供游人降及池边，蹬道之险也能让人汗颜。此山不论是绝壁、蹬道、峡谷、深壑，山势陡峭挺拔，手法自然逼真，叠石气势雄伟、峭拔险峻，实为叠山之典范。

苏州园林的叠山设计中，除了模仿自然的丘壑、润谷、蹬道、溪泉、奇峰绝嶂、山势嶙峋之外，还创造了弯形洞壑的叠砌方法，以大小山石钩错砌成拱形顶壁，极似天然洞穴，甚至还模仿出倒垂的钟乳石，使人恍如身临幽壑深穴之中。

从总体上说，苏州园林的水石设计在有若自然的指导思想下，注重叠山设水的整体形象效果，以形成自然的山水景观。"山石能赋予水泉以形态，水泉则能赋予山石以生意"。"山不在高，贵有层次，水不在深，妙于曲折"。计成在《园冶·掇山》中总结了园山、厅山、楼山、阁山、书房山、池山、内室山、峭壁山、山石池、金鱼池、峰、峦、岩、洞、涧、曲水、瀑布等十七种山水设计模式，形成了较全面的理论基础，推进了苏州园林的山水建造技术水平。而园林的设计与建造过程中，许多著名的诗人和画家都一起参与，赋予了园林与山水诗、山水画相一致的艺术追求，在自然美的追求上，达到了高度的统一。

第三，花木配置。

在中国传统山水画中，除了山石之外，对花草树木也非常重视。传统山水画理论中有"山以树木为衣，以草木为毛发"的论述，苏州园林的设计也从此出发，将花木作为园林中不可缺少的重要因素。而作为关键性建构要素的花木，品类繁茂，功能不一，其价值也是多层面的，可满足人们从生理到心理上的种种追求。如果没有花草树木的映衬，不仅苏州园林中的山岭石峰就会变成光山秃岭，少了最重要的绿色，既缺少了生机，又少了一种自然情趣，这将使苏州园林"有若自然"的追求成为空谈。而时至今日，在日益重视环境的大趋势中，花木更显得无比的重要。它不仅满足人的欣赏美的心理需要，更是人的生理需要的健康保证。苏州园林的设计在花木运用上主要以"自然之趣"为宗旨，和西方整齐规划式园林中花木的设计有很大的不同。由于西方整齐规划式园林的整体布局设计规整划一，格局严谨，所以必须以人工修剪过的

花木去相配才显出其和谐一致性，反映出非常强烈的"人工性"。相比之下，苏州传统园林中的设计追求天然意趣，花草树木的配置与培植尊重植物的天然形态。"……树木栽植，不仅为了绿化，且要具有画意"。树形不加人工修整，尽其天然之态，种植树木也不整齐排列，而是随意配置，疏密得当，自然合理。

苏州园林对花木设计的审美标准一般从以下三个方面来体现：即形美、色美、香美。所谓"形"，即花木的姿态、外形。它既可指单体，也可指群体。既可指同一种类的种植，也可指不同品种混合种植所形成的花木形体。叶圣陶在《拙政园寄深眷》中写道："苏州园林栽种和修剪树木也着眼在画意，高树和低树俯仰生姿……没有修剪得像宝塔那样的松柏，没有阅兵式似的道旁树。"他以"画意"二字点出了树形美的要求。从树冠的自然形态到树枝的伸展、疏密、曲直，再到树皮的质感，树叶的形状等，都要能"入画"，具有"画意"才符合形美的标准。江南多榉树、榆树、香樟、槐树等，这些树都有着非常优美的自然形态，所以在苏州园林中也最为常用。"色"即颜色，苏州园林的统一色当然为绿色，但除绿色之外，也点缀着各种颜色，如银杏树叶的金黄、枫树的红色、竹叶的青翠以及白皮松的树干白等。除树木之外，颜色最鲜艳、最丰富的莫过于花了，花圃中的鲜花万紫千红、争奇斗艳，点缀在园林一大片绿意中，美不胜收。"香"即香味，因园林中广种奇花异草，花香四溢，沁入心脾。常见的有腊梅、兰花、梅花、桂花等，花开季节，暗香涌动，令人心旷神怡。

除了花木的审美要求之外，在全园的花木配置上，要求四季常有绿，月月有花香，根据叶色和花期，结合时令变化进行栽种。尽管苏州地处江南，然至秋冬季节，乔木落叶，枯木肃杀，但在巧妙的组合栽种下，仍有不少树木如香樟、翠竹、桂花、女贞、山茶、广玉兰等常绿树，四季常青，点缀生机。"小园树宜多落叶，以疏植之，取其空透；大园树宜适当补常绿，则旷处有物。此为以疏救塞，以密补旷之法"。由于苏州传统园林规模较小，园中植物的观赏距

中国古代江南园林

66

离都很近,这就要求每棵花木都要经得起观赏和推敲,所以园林中花木的布置设计也很费精力。在小庭院、廊侧和院墙角落,一般种植芭蕉,天竹之类,或以湖石砌成花坛,种植牡丹、芍药等。较大的范围如山坡、大的院落则种植古木大树,郁郁葱葱。当然过繁的枝叶也会遮挡美景,阻挡视线,因而修剪也必须由造景的需要来决定,该密则密,该疏则疏,以形成自然清新、古朴幽深的境界。

(三) 苏州园林的艺术风格

苏州园林的艺术风格特点主要表现在其多变的空间形态上。园林可以看成是一种造型艺术,而空间形态是最基本表现手段,山、水、建筑等景观要素也都是以一定空间形态和空间关系存在的。苏州私家园林相对皇家园林来说,规模较小,其空间景观要素及其组合关系,都朝着"小中观大"、追求完善的方向发展,并总结出独特的园林设计手法和艺术风格特点。

第一,曲折迂回的空间变化。

苏州园林与皇家园林相比就规模而言,苏州园林空间体量较小,地形起伏变化不大,为达到视觉空间的丰富变化和深远的效果,造园家们使道路曲折迂回,这样就延长了人们游览的时间,在其间堆山叠石,蓄水为池,栽植花木,使之"有高有凹、有曲有深、有峻而悬、有平而理",因此苏州园林空间的曲折也就表现在园林景观层次的丰富、变化和深度上。清代著名学者俞樾在苏州建房造园,其园就名为"曲园"。一是因为整个地形曲折,二是其中的小路、景物也都比较曲折。在这个园中,有山径之曲、有池水之曲、有修廊之曲,连建筑物也都以此命名,如回峰阁,使人想起峰回路转;又如曲水亭,使人想起盘曲潆洄。钱泳在《履园丛话》中说:"造园如作诗文,必使曲折有法,前后呼应,最忌堆砌,最忌错杂,方称佳构。"

园林空间的曲折性具体是通过曲蹊、曲路、曲廊连接一

个个景区院落，令人在园内左绕右拐，高下起伏，感到曲径通幽，意味深远。特别是苏州园林中的廊，它极富曲折性。具体表现为：其一，廊的体形宜曲宜长，《园冶》中说廊可以"蹑山腰，落水面，高低曲折，自然断续蜿蜒"，而曲廊"随形而弯，依势而曲，或蟠山腰，或穷水际，通花渡壑，蜿蜒无尽。苏州园林空间中的廊已发展到几乎可以作任何形式的转折，角度不限，既有蜿蜒曲折，又能高低错落。其二，廊的曲折不仅意味着流线的曲折，而且也意味着空间的曲折，被曲廊、游廊分隔的空间，其自身形态也带有明显的曲折性。通过廊的曲折性和隔而不断的连续性，在咫尺之内，营造变化，增加境深感。其三，廊还具有较强的空间引导性，它总是向人们暗示，沿着它所暗示的方向走下去，必定会有所发现，因而使人怀着期待的情绪，顺着游廊的引导到达目标——景的所在。

苏州园林中的空间变化大多数也是借曲廊的分隔而成，其在园区内的建构大致有三种典型的方式。其一，是廊围绕主景区曲折展开，如退思园，其曲廊在主景区中部，沿水池曲岸蜿蜒递进，成合抱之势，岸的曲折与廊的曲折巧妙结合，将池水和其他景观分成两个区域，沿廊而游即可经过景区几乎大部分的建筑，又可体验空间的曲折变化。其二，曲廊沿边或环绕建筑展开，形成趋边的曲折，在这方面沧浪亭是较有代表性的。其三，曲廊穿插于景区之中，如苏州拙政园小飞虹，形成局部景观的曲折组合。除廊能造成迂回曲折的空间变化外，有些园林还通过建筑的穿插交错形成空间的曲折变化。

另外，构成苏州园林空间的其他要素，如山石、洞壑、水、驳岸、路径、桥、墙、垣等，均力求蜿蜒曲折而忌平直规整。这在整体上反映了苏州园林追求空间的自然性状和迂回曲折意向的本质所在。

第二，相互渗透的空间层次。

苏州园林的空间追求"庭园深深，深几许"的空间境界，为求得空间的深邃，多不遗余力地以各种方法来增强景的进深感。所谓"藏与露""虚与实"，从某种意义程度上讲都是为了求得含蓄、幽深所采取的手段。而利用空间的渗透也可极大地加强景的进深感。如果园林空间没有像"藏与露""虚与实"这种关系的处理，一眼就将园内所有景观都看到了，而视觉也很容易判断出空间的实际大小，但如果隔着一个层次看，空间给人的感觉则要深远得多，如隔着很多层次去看，则会造成一种更为强烈的错觉，使空间具有无穷无尽的深远感，这是因为每一层次中的景观都有近、中、远三个层次之分，虽然空间的物理总量不变，但心理量却大为增加了。如果分隔空间的手法巧妙，各空间的分隔又有交错、渗透，空间会变得更加迷幻深邃。

在苏州园林空间设计中，利用渗透加大景深的手法极其丰富，归纳起来大致有以下几种：

其一，建筑内外空间的渗透。建筑内与外的渗透主要指园林中那种空间限定明确、围合充分、有屋概念的建筑，比如说厅、堂、轩等。在看苏州园林的封闭型建筑中，我们可以注意到，只要可能，造园家们就会在围合面来开窗和门。正是这种围与透的关系处理，使得室内与室外相互流通，将室外的景色引入室内，如拙政园海棠春坞，东西两立面各设置了两扇花窗，窗的外空间则为一大一小两组景观，这两组景观既丰富了由廊南行的空间层次，同时也极大丰富了从花窗向外看的空间深度感。视线已穿过了廊和由砌石、花木所组成的院景，获得了丰富的视觉感受。这是一个借空间的渗透获得层次和深度变化的佳例。

其二，多重空间的渗透。上面提到的例子只是两个相邻的空间之间的渗透关系，它虽可获得层次变化，但也只限于两个层次，因而深度感还是有限的。如果将不同景观特色的空间结合在一起，在空间边界上有所划分，但彼此又有所因借，空间上相互渗透，形成围中有透，透中有围，则空间层次会更加丰富，如拙政园东南的庭园——枇杷园，由海棠春坞、听雨轩、嘉实亭组合而成。它们之间以实墙和花墙加以分割，而又以曲折游廊连接为一个整体。这三个庭园大小、形状、特点各不相

苏州园林

同，有的院内主植枇杷，有的以海棠为主景，有的满植芭蕉及池塘睡莲以观赏雨景而得名，其有分有合，围中有透，透中有围，形成一个多层次空间组合。此建筑样体临外部一侧用云墙、假山、树木等多种空间要素来分隔空间，空间形态自由活泼，还能因借外景，空间意境深远。

其三，垣墙上的连续漏窗。若是从室内空间中的花窗向外观望，所能感受到的仅是空间自身在流动，但若是我们走在沿墙的游廊之中，而此半廊的墙上连续设置一列窗口，视点由静止而运动，其动观的效果则更加有趣。随着视点的移动时隔时透，空间在眼前不断展现，步移景移的感觉分外强烈。又如，留园的入口既曲折狭长，又幽暗封闭，然而，由于中部景区的一面侧墙上一连开了十一个门窗洞口，而且各洞口无论在距离、形状、大小和通透程度上都不相同，不仅大大降低了单调沉闷的气氛，而且人们可透过这一列富有变化的洞口窥视外部景物，获得了时暗时亮，时隔时透的空间印象，空间在你眼前不断展现，步移景移的感觉分外强烈。

其四，借景、对景、框景的巧用。苏州园林中常用"对景"的手法，实际上就是通过特意设置的门洞和窗口去看某一景物，从而使景物若似一幅图画嵌于框中。由于是隔着一个层次去看，因而显得含蓄深远，这种现象也属于空间渗透的现象，这在苏州园林中运用得非常普遍。

框景与对景有异曲同工之处，也是隔着一个层次去看另一空间的景物，如果说对景所强调的是在所对之景的话，则框景所强调的似乎稍偏重于框的处理，这就是说框景既求空间渗透，又求空间画意，典型的如苏州网师园内殿春移之窗景，有名曰"窗虚蕉玲珑"，因其空间渗透而画意更浓。

至于借景，通常指将园外的景色借入园内以开拓更为广泛的空间层次，最典型的莫过于人所皆知的苏州拙政园借北寺塔之景。当然借景往往不一定求特定主题和对象，而主要目的是将园内有限的空间向外扩展。如沧浪亭的看山楼、拙政园的观山楼，虽然现在周边已无山可看，但当初则一定可借得青山绿水。又如沧浪亭，其能巧妙地借园外之水，使园内外空间相互渗透。

其五，廊的空间分割与渗透。苏州园林空间中的廊有组织游览线路、营造连续而又曲折的空间功能外，还可以用其来分隔空间。这里主要指穿越园林空间的敞廊，因为其空间限定虚比实多，其本身有向外渗透的空间意向。而且作为分隔空间，廊使两侧景物互相渗透，丰富了空间的层次变化。例如拙政园小飞虹是一座弧型廊桥，与水阁小沧浪横跨七条水流，两侧亭廊棋布，组成水院，环境幽深、恬静。由小沧浪凭栏北望，透过小飞虹，遥见荷风四面亭，以见山楼作远处背景，空间层次深远。

再就沿墙的半廊而言，本身并不起分隔空间的作用，但其自身却非常注意打破自身空间的单一性，增加空间渗透和层次。比如说留园中部园景中沿西北园墙之半廊，往往有意与墙分离转折向外，在廊与墙之间构成若干小院或大井，并栽花布石，人行于廊中，即便视线滞留廊中，也会感到空间相互渗透，从而加强了廊本身的空间层次变化。张永和从网师园的曲廊领悟出其间体现的由空间到时间的这一时空意义，小山从桂轩两侧有曲廊，折四次，大约需走 28 步。如在两者之间画直线，约用 24 步，两点之间增加了两秒的距离、曲折的路线又促成了比在直线上运动更频繁的变化，使人在相同的时间内得到更多的视觉信息，意味着经历了更多的空间。这就意味着空间被放大，时间被延长。

第三，步移景移的时空序列。

当人们身处园林空间时，如果空间一览无余，景观组织单调乏味，必然大大降低可游、可行和可望性，因而规划和组织空间、调动各种手段、形成系列的景观，是园林设计的基本要求。尤其苏州园林空间有限，更需将空间按一定观赏线路有秩序地贯通、穿插、组合起来，以获得丰富的空间表情和以小观大的深远意境，正是这种组织形成了苏州园林空间的序列。

在苏州园林空间序列中一连串空间在大小、纵横、起伏、深浅、明暗、开合等方面不断变化，它们之间既是对比的又是连续的。人们

观赏的园林景物，随时间的推移、视线位置的不断变化，观赏线路引导人们依次从一个空间转入另一个空间。随着整个观赏过程的发展，人们一方面保持了对前一个空间的记忆，一方面又怀着对下一个空间的期待，由局部的片断逐步累加，汇集成一个整体的感觉。一般讲苏州园林空间都有起始段——引导段——高潮段，在前面阶段，人们逐渐酝酿一种情绪、一种心理状态，以便使作为高潮的空间获得最大限度的艺术效果。

从苏州园林设计所体现的艺术风格来看，含蓄之美占有着很重要的地位。苏州园林规模小，在很小的范围内，经园林设计者的匠心独运，造就出了丰富的自然山水效果。林石掩映，池水幽深，亭榭错落，廊桥曲折，令人赏心悦目、兴味无穷，体现了含蓄的艺术魅力。具体说来，苏州传统园林的含蓄主要体现在花木、山石、建筑三方面。花木的含蓄在于巧妙的视觉层次和深度，各种异花珍木，如红枫、紫藤、翠竹、金桂、玉兰、苍松、枸杞、腊梅、芭蕉、天竹，左右逢源，前后衬托，配合亭台楼阁、山石溪流，互为掩映，隐约藏露，意趣无穷。真可谓"擅风光于掩映之际，览而愈新"。而山石的含蓄更妙，利用叠石筑山，峰峦起伏，曲折上下，峰回路转，在筑以绝壁、高台、蹬道、穴洞，参差起伏、高低错落，让游览者渐入佳境，有一种无穷深邃之感。峰石掩映而使规模并不大的假山石增添了魅惑力和幽深感，勾起了人们好奇探胜的心理。建筑的含蓄也有很好的掩映效果，本可一步跨过，偏以一面高墙挡住，将美景"藏"起，而一个月洞门又"露"了些许小景，引你怦然心动。等跨出月洞门，又是叠石、花树、溪桥、亭台错落其间，景深丰富，深深地表现出了"庭院深深深几许"的含蓄之美：一个花窗的精美窗框又和窗外景物相合，窗框正好框住亭后的石笋翠竹，远看还真以为是挂在墙上的一幅竹石小景。花木、山石、建筑互为元素，相互掩映，形成了绝妙含蓄的艺术风格。

苏州园林设计的秀逸之美同苏州地区特有的风土人情有着直接的关系，苏州人和气婉约、慢条斯理、悠然自得的人文性格决定了苏州园林秀婉轻柔的艺术风格，如池塘泉水的幽静清冽，假山石峰的玲珑精美，亭馆轩榭的典雅精致，花径游廊的婉转曲直，洞门漏窗的空灵清意，粉墙黛瓦的柔和清影……所有的园林设计布置，无不体现出苏州人对秀逸之美的追求。含蓄秀逸体现的，正是苏州园林设计者对自然的深刻诠释，是一种超乎自然的艺术追求。

（四）苏州园林审美意境的营造

苏州园林讲究在有限的空间内布置景观，体现出精巧的构思和雅致的情趣，从而在内敛含蓄之中引发出无尽的情思与遐想，展现出一份闲情雅致。苏州园林以其精巧的构思，淡雅的风格闻名于世，拙政园、网师园、沧浪亭、狮子林、留园……这一座座艺术精品不知吸引了多少文人墨客、风流雅士徘徊其间、流连忘返。苏州园林何以具有如此经久不衰的艺术魅力，在一定程度上要归功于它所营造的意境之美。

对于善于感性思维的中国人来说，意境是艺术的最高境界。由境生意，由境抒意，是中国人习惯的表达方式。宗白华先生在《艺境》中对意境的解释为："以宇宙人生的具体为对象，赏玩它的色相、秩序、节奏、和谐，借以窥见自我最深的心灵反映，化实景为应景，化形象为象征，使人类最高的心灵具体化、肉身化，这就是艺术境界。"

意境的基本特征就是以有形表现无形，以物质表现精神，以有限表现无限，以实境表现虚境，使有限的具体形象和想象中的无限形象相统一，化实为虚，化象为境，从而进入更高一层的精神境界，也就是人们常说的意境。园林意境的产生，也正是造园者或园主人把自身心灵深处的东西物化于具体的景致之中，使意与境、情与景有机融合的结果，也即指造园者的主观意趣，造园思想负载于具体景物形象上，并通过暗示、象征等手法，让观赏者在欣赏园林物化形象的同时体会到造园者所要表达的弦外之音、象外之致，从而产生园林的意境美。

苏州园林中的意境美在其建筑景物中。

首先，它有着清新淡雅的景色。苏州园林景色清新淡雅。苏舜钦在《沧浪静吟》中写道："独绕虚亭步石矼，静中情味世无双。山蝉带响穿疏户，野蔓盘青入破窗。"尽显其清淡之色调、清雅之韵味。

苏州园林空间中的建筑，外观颜色基本上是白墙、黑瓦，以单纯朴素的色泽构成中性基调，淡装素裹、朴实无华、毫无视觉上的耀眼刺激。这种墙面的白则正好是景物借助光线投射的天然屏幕，如在怡园拜石轩南庭院，当红日西斜，东面粉墙上就出现灰（影子）白（粉墙）构成一幅天然成趣的杂枝、竹影、湖石立峰的剪影。瓦的黑、影的灰、墙的白，好一幅浓淡相宜的水墨画，使空间意韵无穷。园中植物则突出一个"绿"字，苏州园林空间，虽有花木点缀，但却是以观叶类、林木、荫木类为主。当坐在西园"涵碧山房"由透窗看去，满目绿意盎然，远处枝叶上掩荫处云亭飞动，东面一片绿地中透出"清风池"和"西楼"的黑白影姿，正前方绿色丛中小廊回合，其正合了"秀色可餐"这句成语。餐翠腹可饱，饮绿身须轻。可谓"夏日无暑清凉，秋日萧远清谧"。绿色，使苏州园林空间中散发出郁郁清芳之气，色绿姿秀带给苏州园林空间满园清趣。如果将苏州园林的这种黑、白、灰、绿与形、景、声、色、光交织起来，则日出有清荫，月照有清影，风来有清声，雨来有清韵，雾凝有清光，雪停有清趣，绘出一幅空间立体的淡彩水墨。

以清为雅，以淡为高，贵淡不贵艳的审美情趣系出道家。道家认为大"道"乃淡，老庄言"五色令人目盲""五色乱目，使目不明"。如和氏之璧，不饰以五彩；随候之珠，不饰以银黄。华美虽佳却易俗，淡雅虽朴却隽永。浮体刮落，独露本美。故老庄好质而恶饰，处实而弃华，倡导"怡淡寡欲"。这种平淡趣远的审美意识的确立，理所当然成为苏州园林的情趣指向。

苏州园林正是造就了这样一个清淡世界。拙政园内"涵青亭"前"池草涵艳""浮翠阁"宛如浮在翠绿树之上。悟竹幽居亭幽幽静静，萧条悟竹同，秋物映园庐。这种清淡自然独有，无须苛求，正合了庄子"天无为以之清，地无为以之宁，故两无为相合，万物皆化"之意，真可谓"无为乃清，无为乃淡，行于平夷，守实整体，而韵自胜"。

其次，它有着阴柔委婉的韵味。美的形态有阳刚与阴柔之分。阳刚之美气势浩瀚、雄浑遒劲、刚强博大、阴柔之美秀雅清丽，柔弱纤细，玲珑可爱，正所谓"骏马秋风冀北，杏花春雨江南"。

在我国古典园林艺术中，皇家苑囿如颐和园、避暑山庄等，皆灿烂辉煌、豪华壮美；苏州园林则柔媚优美，清雅宜人。阳刚可见出强悍的魄力，而阴柔更有令人咏叹的余蕴。

对苏州园林的审美风格，陈从周先生曾有精确的概括。他通过与扬州园林的比较指出："余尝谓苏州建筑及园林，风格则多雅建。（《说园（五）》）"扬州园林……与苏州园林的婉约轻盈相较颇有琵琶铁板唱'大江东去'的气概"。（《扬州园林与住宅》）他在《苏州园林概述》中还指出："苏州园林风格有类于南宗山水画，"秀逸天成"，整个园林具有"轻巧外观""秀茂的花木，玲珑的山石，柔媚的流水，十分协调……"

苏州园林空间中透露出的柔美秀丽，其品格与苏州特殊的水土所培育的苏州人的品貌和性格存在着某种值得探究的对应关系。也应和了道家贵柔的美学思想。"道"绵细柔和，若有若无，柔弱乃道之性，"弱者道之用""柔弱胜刚强"。老庄认为，坚强刚直易亡，而柔弱平和易存。世界上最柔弱之物是水，但水却能贯金穿石，销铜蚀铁，"天下之至柔，驰骋天下之至坚"。俗话说："狂风吹不断柳丝，齿落而舌长存"，也是此理。在老庄美学中，柔弱、软、细等概念，充满着强烈的生命力，是生机永存、持久的象征。所以老庄以柔为美，以柔为根，赞阴柔胜于阳刚。

苏州园林空间是老庄的"守柔""贵雌""好静"的具体化表现，是幽静娴雅多于喧噪骚动，清新淡雅多于浓烈醇美，宁和平静多于动荡激越。道性贵柔，柔刚必曲。以形式美角度看，苏州园林空间的柔美形式因素就是曲。它千姿百态，多种多样，有婉转曲折、通花渡壑的曲廊，一步一折，一步一

75

景，如在画中游。拙政园中部的"柳阴路曲"廊是蜿蜒于平地的空廊，其曲折的构成既复杂多变，又自然合度，它以垂柳群为主要掩映物，在其间透逛穿插。这条曲廊的曲线特别美，短短的一段竟有十个不同的走向，有如北斗之折，而又毫无矫揉造作之感。再如拙政园西部的波形水廊，从总体上看，是由两条波状线组成的，临水而设，起伏曲折虽不大，但微微地升降、缓缓地回旋，如同轻婉清扬的旋律，给人以舒适而悠扬的美感。除曲廊外，还有若断若续的曲水；如游龙、似惊蛇，起伏不尽的云墙；凹凸不平，随形而筑的曲岸……可谓处处见曲姿，时时显柔美。

园林名著《园冶》竭力主张"曲"，谓"深奥曲折，通前达后，全在斯半间中生出幻境也"。曲折有条，端方非额；如端方中须寻曲折，到曲折处环定端方"，当然园之曲应有限度，但我们不能不承认"境贵乎深，不曲不深也"。曲，隐现无穷之态，招摇无限春光。

柔还是秀雅平和的同义词。苏州园林空间中所散发的柔美之情，还通过园林空间中的诸要素，如花木（修竹、绿苔、弱柳、瘦菊、幽兰、残荷、曲梅）、山水（清流、溪涧、瘦石）、天象（薄云、细雨、轻烟、淡月、夕辉、微雪）等景致的综合融汇来体现。徜徉其间，可以感到岸芷汀兰的清秀、云光水色的空灵、幽影映红墙的淡雅、池塘月色的静谧、曲岸绿池的舒徐……苏州园林空间散发出的柔性之美的气息，既有地域文化的特色，又有道家文化的内涵。

从设计角度，意境具有"情景交融，虚实相生，意与境谐以及韵味无穷"的艺术审美特征，中国园林艺术是融合了自然环境、建筑、诗、画、楹联、雕塑等多种艺术的综合体，因此园林意境产生于多种园林艺术要素的综合效果。园林在形成与发展过程中，它始终与山水画、山水诗乃至山水文学紧密相关，文人参与园林设计，尤其是大量画家和诗人的介入进一步促进了园林对意境美的发掘。中国古典园林特别强调造园的审美"意境"，追求"虚实相生，无画处皆成妙境"的艺术效果。清代画家方士庶在其《天慵庵随笔》中写道，"山川

中
国
古
代
江
南
园
林

草木，造化自然，此实境也；画家因心造境，以手运心，此虚境也。虚而为实，是在笔墨有无间，衡是非、定工拙"。因此园林常借鉴绘画四邻，在造园布局时，常让幽深的景色半含半露，或是把美好的意境隐藏在一个或一组景色的背后，采取欲扬先抑的手法，逐步延伸开来，曲径通幽，增添了园林的艺术深度，加强了观者对人生以及美好自然的深刻理解。

从欣赏角度来看，苏州园林空间意境的产生来源于其真实物体带给人的感受和人们对此产生的联想。它包括了园林空间中的地貌形态、山石、水体、植被、建筑等物质要素，而其形象又随季节、时间、气候而变动。苏州园林空间艺术的感染力综合作用于游赏者的全部感官，具体包括：（1）视觉：园林中除了形、色之外，如文字、绘画，多了一层三度空间，于是就有了旷与奥、高远、平远等视觉感受。同时园内景色观赏还可扩大到各种借景和天象景观。（2）听觉：自然界的声音如松涛之声，雨打芭蕉、泉瀑飞溅之声等以及蝉、蛙、鸟等的鸣叫，如拙政园"蝉噪林愈静，鸟鸣山更幽"则是听觉与景的相互作用所生境的抒发。（3）嗅觉：如拙政园的元香堂"香州"、沧浪亭的"清香馆"均取之花香。（4）触觉：园林空间是一个真实的境域，人在其中可望可行，可游可居，在环境的直接接触中产生多种感受。（5）文字信号的感觉：苏州园林一大特色就是用题名、楹联、匾额、石刻等提示游人游赏者，引导人们产生创作者预期的审美感受。如退思园"闹红一舸""孤雨生凉"，拙政园"与谁同坐轩""水木清华""静深"等等。

游赏者在物境中获得的多重感觉印象，仅仅是引发意境的媒介，只有在此基础上再产生联想与想象，才能在意念中激起物外之境、景外之情。

苏州园林空间中透露出的柔美秀丽，其品格与苏州特殊的水土所培育的苏州人的品貌、性格也应合了道家贵柔美学思想。存在着某种值得探究的对应关系。因此意境审美观进入园林是造园思想的一个巨大超越，独特的意境之美才得以体现和张扬，使得中国古典园林在世界园林体系中独树一帜。

苏州园林

三、名园欣赏篇

（一）拙政园

　　拙政园始建于明代正德四年（1509 年）。御史王献臣因官场失意而还乡，以大弘寺址拓建为园。拙政园的园名是据西晋潘岳的《闲居赋》中"此亦拙者

之为政也"之句缩写而成的。王献臣于明代弘治六年（1493 年）中进士，升为御史，但仕途不顺利，曾两次被东厂缉事诬陷，受过刑、下过狱、被贬为广东驿丞，后任永嘉知县，罢官后居家，心里的痛楚无法言表。他对文徵明说："我之所以要起'拙政园'这个名字，就是要像潘岳一样隐

退于林泉之下，要像陶渊明一样守拙归田园。"这个园名，反映了王献臣当时那种既无可奈何，又想自我解嘲的复杂心态。

　　王献臣死后，园宅屡易其主，或属私家宅第，或为官府衙署，几经兴衰。先是他的儿子一夜豪赌，将园输给徐氏；徐氏居此园五世，后家道衰而其园废；崇祯四年，侍郎王心一购得园东部荒地 10 余亩，王心一善画山水，悉心经营，布置丘壑，并以陶潜诗"归田园居"，命名此园。

　　在以后的四百余年间，沧桑变迁，屡易其主，几度兴废，原来浑然一体的园林演变为相互分离、自成格局的三座园林。东区的面积约 31 亩，现有的景物大多为新建。园的入口设在南端，经门廊、前院，过兰雪堂，即进入园内。东侧为面积广阔的草坪，草坪西面堆土山，上有木构亭，四周萦绕流水，岸柳低垂，间以石矶、立峰，临水建有水榭、曲桥。西北土阜上，密植黑松，枫杨成林，林西为秫香馆（茶室）。再西有一道依墙的复廊，上有漏窗透景，又以洞门数处与中区相通；中区为全园精华之所在，面积约为 18.5 亩，其中水面占 1/3。水面有分有聚，临水建有形体各不相同、位置参差错落的楼台亭榭多处。

主厅远香堂为原园主宴饮宾客之所，四面长窗通透，还可览园中景色；厅北有临池平台，隔水可欣赏岛山和远处亭榭；南侧为小潭、曲桥和黄石假山；西循曲廊，接小沧浪廊桥和水院；东经圆洞门入枇杷园，园中以轩廊小院数区自成天地，外绕波形云墙和复廊，内植枇杷、海棠、芭蕉、竹等花木，建筑处理和庭院布置都很雅致精巧；西区面积约为12.5亩，有曲折水面和中区大池相接。建筑以南侧的鸳鸯厅为最大，方形平面带四耳室，厅内以隔扇和挂落划分为南北两部，南部称"十八曼陀罗花馆"北部名"三十六鸳鸯馆"，夏日用以观看北池中的荷蕖水禽，冬季则可欣赏南院的假山、茶花。池北有扇面亭——"与谁同坐轩"，造型小巧玲珑。东北为倒影楼，同东南隅的宜两亭互为对景。

早期王氏拙政园，有文徵明的拙政园"图""记""咏"传世，比较完整地勾画出园林的面貌和风格。当时，拙政园占地约13.4公顷，规模比较大。园多隙地，中亘积水，浚沼成池。有繁花坞、倚玉轩、芙蓉隈及轩、槛、池、台、坞、涧之属，共有三十一景。整个园林竹树野郁，山水弥漫，近乎自然风光，充满浓郁的天然野趣。

经历一百二十余年后，明崇祯四年（1631年）已荡为丘墟的东部园林归侍郎王心一所有。王心一善画山水，悉心经营，布置丘壑，并以陶潜《归园田居》诗命名此园。该园有放眼亭、夹耳岗、啸月台、紫藤坞、杏花涧、竹香廊等诸胜，可分为四个景区。中为涵青池，池北为主要建筑兰雪堂，周围以桂、梅、竹屏之。池南及池左，有缀云峰、联壁峰，峰下有洞，曰"小桃源"。步游入洞，如渔郎入桃源，桑麻鸡犬，别成世界。兰雪堂之西，梧桐参差，茂林修竹，溪涧环绕，为流觞曲水之意。北部系紫罗山、漾荡池。东甫为荷花池，面积达四五亩，中有林香楼。家田种秫，皆在望中。

乾隆初年，拙政园东部园林以西又分割成中、西两个部分，其中，西部现有布局形成于光绪三年（1877年），由张履谦修葺，改名"补园"。遂有塔影亭、留听阁、浮

苏州园林

翠阁、笠亭、与谁同坐轩、宜两亭等景观。又新建三十六鸳鸯馆和十八曼陀罗花馆，装修精致奢丽；中部是拙政园最精彩的部分。虽历经变迁，与早期拙政园有较大变化和差异，但园林以水为主，池中堆山，环池布置堂、榭、亭、轩，基本上延续了明代的格局。从咸丰年间《拙政园图》、同治年间《拙政园图》和光绪年间《八旗奉直会馆图》中可以看到山水之南的海棠春坞、听雨轩、玲戏馆、批杷园和小飞虹、小沧浪、听松风处、香洲、玉兰堂等庭院景观与现状诸景毫无二致。因而拙政园中部风貌的形成，应在晚清咸丰至光绪年间。

拙政园在不同的历史阶段，其布局有着一定区别，特别是早期拙政园与今日现状并不完全一样。正是这种差异，逐步形成了拙政园独具个性的风格与特色：首先，因地制宜，以水见长。据《王氏拙政园记》和《归园田居记》记载，园地"居多隙地，有积水亘其中，稍加浚治，环以林木，地可池则池之，取土于池，积而成高，可山则山之。池之上、山之间可屋则屋之"。充分反映出拙政园利用园地多积水的优势，疏浚为池；望若湖泊，形成晃漾渺弥的个性和特色。拙政园中部现有水面近六亩，约占园林面积的三分之一，"凡诸亭槛台榭，皆因水为面势"，用大面积水面造成园林空间的开朗气氛，基本上保持了明代"池广林茂"的特点；其次，疏朗典雅，天然野趣。早期拙政园，林木葱郁，水色迷茫，景色自然。园林中的建筑十分稀疏，仅"堂一、楼一、为亭六"而已，建筑数量很少，大大低于今日园林中的建筑密度。竹篱、茅亭、草堂与自然山水溶为一体，简朴素雅，一派自然风光。拙政园中部现有山水景观部分，约占据园林面积的五分之三。池中有两座岛屿，山顶池畔仅点缀几座亭榭小筑，景区显得疏朗、雅致、天然。这种布局虽然在明代尚未形成，但它具有明代拙政园的风范；再次，庭院错落，曲折变化。拙政园的园林建筑。早期多为单体，到晚清时期发生了很大变化。首先表现在厅堂亭榭、游廊画舫等园林建筑的明显增加。中部的建筑密度达到了16.3%。其次是建筑趋向群体组合，庭院空间变幻曲折。如小沧浪，从文徵明拙政园图中可以看出，仅为水边小亭一座。而八旗奉直会馆时期，这里已是一组水院。由小飞虹、得真亭、志清意远、小沧浪、听松风处等轩亭廊桥依水围合而成，独具特色。水庭之东还有一组庭园，即枇杷园，由海棠春坞、听雨轩、嘉实亭三组院落组合而成，主要建筑为玲珑馆。在园林山水和住宅之间，穿插了这两组庭院，较好地解决了住宅与园林之间的过渡。同时，对山水景观而言，由于这些大小不等的院落空间的对比衬托，主体空间显得更加疏朗、开阔。

这种园中园式的庭院空间的出现和变化，究其原因除了使用方面的理由外，恐怕也与园林面积缩小有关。光绪年间的拙政园，仅剩下了 1.2 公顷园地。与苏州其他园林一样，占地较小，因而造园活动首要解决的课题是在不大的空间范围内，能够营造出自然山水的无限风光。这种园中园、多空间的庭院组合以及空间的分割渗透、对比衬托；空间的隐显结合、虚实相间空间的婉蜒曲折、藏露掩映；空间的欲放先收、先抑后扬等等手法，其目的是要突破空间的局限，收到小中见大的效果，从而取得丰富的园林景观。这种处理手法，在苏州园林中带有普遍意义，也是苏州园林共同的特征；最后，园林景观，花木为胜。拙政园以"林木绝胜"著称，数百年来一脉相承，沿袭不衰。早期王氏拙政园三十一景中，三分之二景观取自植物题材，如桃花片，"夹岸植桃，花时望若红霞"；竹涧，"夹涧美竹千挺""境特幽回"；瑶圃百本，花时灿若瑶华"。归田园居也是丛桂参差，垂柳拂地，"林木茂密，石藓然。每至春日，山茶如火，玉兰如雪。杏花盛开""遮映落霞迷涧壑"。

苏州园林

夏日之荷。秋日之木芙蓉，如锦帐重叠。冬日老梅偃仰屈曲，独傲冰霜。有泛红轩、至梅亭、竹香廊、竹邮、紫藤坞、夺花漳涧等景观。至今，拙政园仍然保持了以植物景观取胜的传统，荷花、山茶、杜鹃为著名的三大特色花卉。仅中部二十三处景观中，百分之八十是以植物为主景的景观。如远香堂、荷风四面亭的荷（"香远益清"，"荷风来四面"）；倚玉轩、玲珑馆的竹（"倚楹碧玉万竿长""月光穿竹翠玲珑"）；待霜亭的橘（"洞庭须待满林霜"）；听雨轩的竹、荷、芭蕉

（"听雨入秋竹""蕉叶半黄荷叶碧，两家秋雨一家声"）；玉兰堂的玉兰（"此生当如玉兰洁"）；雪香云蔚亭的梅（"遥知不是雪，为有暗香来"）；听松风处的松（"风入寒松声自古"），以及海棠春坞的海棠，柳阴路曲的柳，批把园、嘉实亭的批杷，得真亭的松、竹、柏等等。拙政园的园林艺术，在中国造园史上具有重要的地位。它代表了江南私家园林一个历史阶段的特点和成就。

（二）网师园

网师园位于葑门内阁家头巷，后门可达十全街，现有面积约9亩，是一处典型的清代宅园，属园林中的精品，被誉为苏州园林之"小园极则"。1982年被国务院列为全国重点文物保护单位。1997年被联合国教科文组织列入《世界遗产名录》。

网师园的历史要上溯到南宋时期，在宋室南迁后，全国的经济、文化、政治中心也随之迁到南方。北方的造园渐渐衰落而南方反而兴盛起来，这一时期除了在前代园林的基础上大事修葺扩建外，还新建了许多私家园林，其中最有名的是苏州的网师园。

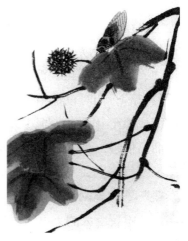

网师园初建于南宋淳熙元年（1174年），为南宋退隐侍郎史正志所建之"万卷堂"旧址，亦称"渔隐"，后几经转手，逐渐荒废。清代乾隆三十年（1765年），光禄寺少卿宋宗元购得部分荒园，退隐在此重加修建。既借旧时"渔隐"之意，且与巷名"王思"谐音，自比渔夫。更名"网师园"仍寓渔隐之意。乾隆末年园归瞿远村，按原规模修复并增建亭宇，俗称"瞿园"。今网师园规模景物建筑是瞿园遗留下来的。历史变迁，几经辗转，1940年园子被文物收藏家、鉴赏家何澄买下，加以修整，力图恢复旧貌，仍用网师园旧名。1950年何氏后人将园捐给国家。1958年10月，网师园经当时的苏州市园林管理处全面整修后对游人开放。

网师园自史正志构建"万卷堂"至1958年对外开放，其间将近八百多年。历代园主对园景皆有增减，贡献功不可没。而今日之格局风貌奠定

苏州园林

于清朝晚期之瞿远村。因此，网师园总体上保持的是晚清苏州园林的风貌，即建筑较多、园景小而精致。

现在"网师园"的规模、景物建筑保持着旧时一组完整的住宅群及中型古典山水园，成为我国江南中小型古典园林的代表作。网师园布局精巧、结构紧凑、以建筑精巧和空间尺度比例协调而著称。

网师园的整个建筑分三大部分：东部为住宅；中部为主园；西部为内园。网师园按石质分区使用，主园池区用黄石，其他庭园用湖石，不相混杂。在景观上，由主、辅景区组成。主景区以水面为中心，各景点都围绕水面布置，整个主景区通过对尺度比例的精妙把握，对空间抑扬收放的自如处理，对园林建筑遮掩敞显的潜心安排，使数亩小园如诗之绝句，词之小令，耐人玩味。辅景区为主景区的补充与延伸，丰富了景观的层次感和深度感，使人有"庭院深深深几许"之感。古树花卉也以古、奇、雅、色、香、姿见著，并与建筑、山池相映成趣，构成主园的闭合式水院。池水清澈，东、南、北方向的射鸭廊、濯缨水阁、月到风来亭及看松读画轩、竹外一枝轩，集中了春、夏、秋、冬四季景物及朝、午、夕、晚一日中的景色变化。所以游园时，宜坐、宜留，以静观为主。绕池一周，可细数游鱼，可亭中待月迎风。花影移墙，峰峦当窗，宛如天然图画，所以并不觉其园小。夜游网师园除了能品味园林夜景，还能欣赏到评弹、昆曲等节目。西部为内园（风园），占地约1亩。北侧有小轩三间，名"殿春簃"，旧时以盛植芍药闻名。庭院假山，采用周边假山布局，东墙峰洞假山围成弧形花台，松枫参差。南面曲折蜿蜒的花台，穿插峰石，借白粉墙的衬托而富情趣，与"殿春簃"互成对景。花台西南为天然泉水"涵碧泉"。洞容幽深，寒气逼人，与主园大池水脉贯通，此一眼泉水如蛟龙吐水，使无水的"殿春簃"不偏离网师园以水为中心的主题。北半亭"冷泉亭"因"涵碧泉"而得名。亭中置巨大的灵璧石，形似展翅欲飞的苍鹰，黝黑光润，叩之铮铮如金玉，

中国古代江南园林

是灵璧石中的珍品。在亭中"坐石可品茗，凭栏可观花"，赏心悦目。

　　网师园的住宅与花园结合贯穿紧密，屋高宇敞，内部装饰十分雅洁，外部砖雕极其细腻。中部为主园景区，以池水为中心，池水清澈，犹如一块明镜，天光、山色、亭阁、花木的倒影清晰地从中映现出来，形成了虚实对称的美景。西部为内园区，建有小型庭院，精巧典雅，是一座典型的苏州住宅园林。该园面积虽不大，但布置紧凑，假山水池安置妥贴，互相映衬。亭楼建筑参差错落，比例恰当，布局严谨，主次分明又富于变化，使人产生园内有园、景外有景之感。建筑虽多，却不见拥塞山池；虽小，却不觉局促。因此，被认为是苏州古典园林中以少胜多的典范。

　　网师园以集聚之水景见长。在大园的中央有一个仅20来米见方的荷花池，四周假山建筑和花木布置疏密有间、高下宜人。位于水池四周东南西北向的四个景点为：射鸭廊、濯缨水阁、月到风来亭和看松读画轩。它们分别主赏春、夏、秋、冬四季不同的特色，人称四季景：春景，射鸭廊在水池东北角上，这里紧靠的是住宅部分的后楼撷秀楼和自成一区的读书阅览之处。五峰书屋是从后门十全街进园游览的必经之地，廊西向临池槛外隙，地上种植着一丛丛小灌木迎春藤，当万物尚在冬眠之际，它那垂向水面的翠条上已缀满密若繁星的金花，预报着春之将临；夏景，濯缨水阁在荷池之南与东边云岗黄石假山为邻，正好与春景掎角相对。水阁坐南朝北，前边临水一面开畅通透，其临水向北有两个好处：其一是看景点北向，则所看主要风景皆向阳，山石竹树、建筑亭台在阳光下其阴影虚实的变化，就看得格外真切；其二是，北向可避免阳光直接照射，室内清凉宜人，特别是夏日在此赏景，就会感到分外清凉；秋景，月到风来亭在池西凸山水中的高阜上，后面有曲廊，南通濯缨水阁，北去看松读画轩。每当秋时明月初上，在此待月迎风，堪称园中一绝。翘首相望天上一轮皓月，俯视池面，银光晃荡，目沉水中，还似一轮秋影转金波。更为别致的是，造园艺术家还在亭中置了一面大镜子，每当赏月者仰视、俯视之后，偶尔回头一望，会出乎意料地发现镜中还

有一个月亮。此景此情，不由得使人在心中萌发出对我国园林艺术的由衷赞叹；冬景，看松读画轩在水池尽北头，朝南三间瓦房是网师园的主要厅堂，它的东边有廊可通集虚斋和竹外一枝轩。西边一墙之隔便是殿春簃，大荷花池西北隅的一个小小湾直接通向轩前一块留虚的铺地。水湾上有三曲平桥，可通向另一边小巧的叠石假山。前有湖石砌的花坛，峰石之间，后有古松三株，傲然屹立。传说是宋代建国之初所植，已有数百年历史。透过古树枝丫和峰石，则是一片开阔的池水，隔岸的濯缨水阁和云岗假山远远地在打招呼。山石后还露出了小山丛桂轩的一角倩影。要是在冬天临轩窗外望，近处是古松虬枝平桥石峰；中间是逆光中碧波粼粼的亭廊倒影；远处则是池南的山树小轩，景致深远，层次分明，网师园中部山水风光组成的风景画面悉呈眼前。

综观网师园，秀丽、精致、小巧、淡雅，亭台楼阁，山水花木，乃至今日之内部陈设，处处得体，样样俱精。陈从周《说园》谓之"小而精，以少胜多""亦居上品"。

（三）狮子林

狮子林位于江苏省苏州市城区东北角园林路 23 号，面积 16.7 亩，开放面积 13.14 亩，内水面约 1.8 亩。是苏州古典园林的代表之一，至今已有 650 多年的历史。2000 年被列入《世界文化遗产名录》，拥有国内现存面积最大的古代假山群。

狮子林始建于元代至正二年，1342 年"天如禅师维则之门人为其师创造""林有竹万个，竹下多怪石，有状如狻猊，故名狮子林，且师得法于普应国师中峰本公，中峰倡道天目山之狮子岩，又以识其授受之源也"。

天如禅师维则圆寂后，弟子散去，寺园日渐荒芜，散为杂居。元末，张士诚婿潘元绍府在此一带，附近皆其宅第。明洪武六年（1373 年），倪瓒绘狮子林图，画面上竹树丛植，茅舍疏朗，怪石耸峙，不见山洞。翌年，徐贲作《狮林十二景图》。嘉靖年间寺僧散去，奇峰堂构沦没于荒烟蔓草间。后又被豪家占为市廛。万历年间，知县江盈科访求故地，重建殿阁与园。清初，一度废为民居。顺治五年（1648年）又重建，胜于旧观。康熙四十二年（1703年），玄烨来游寺园。

顾禄《清嘉录》云："康熙间，黄小华殿撰之父购为涉园。"（黄父即衡州知府黄兴祖。其子黄轩字小华，乾隆三十六年状元）园内有合抱松树5株，又称五松园。园寺分立始于此。梁章钜《浪迹丛谈》云：乾隆二十七年南巡莅吴，始开辟蔓草，筑围墙垣。乾隆帝数次来游，展倪图对照观赏，作诗有"一树一峰入画意，几弯几曲远尘心"之句。回京后按倪图笔意，在圆明园、避暑山庄仿构，分别题"狮子林十六景"。

据乾隆三十六年《南巡盛典图》，前寺后园，以墙分隔，园范围约相当于今日园中部山池一带，池西紧靠界墙。至乾隆中叶，文士题咏中已多赞誉仁元（即润生）《重修狮子林记》和《狮子林图》。过堂后小方厅，北院花台上有湖石巨峰，似由九头姿态不同的狮子组成。峰北院墙漏窗图案分别为琴棋书画。池北岸亭内高悬乾隆三十年亲题"真趣"匾，与荷花厅同为赏荷佳处。石舫北暗香疏影楼附近假山叠石亦称上选。池西问梅阁前有梅花数株，窗棂、地面、桌凳均呈梅花形，阁檐之旁叠石引水筑人工瀑布，其旁飞瀑亭。可观飞瀑三叠而下。碑亭北对修竹阁，亭阁之间叠黄石假山"小赤壁"，宛似天然石壁溶洞。余则燕誉堂庭院、扇亭、古五松园等处俱见匠心。

狮子林既有苏州古典园林亭、台、楼、阁、厅、堂、轩、廊之人文景观，更以湖山奇石，洞壑深遂而盛名于世，素有"假山王国"之美誉。

狮子林的假山，群峰起伏、气势雄浑、奇峰怪石、玲珑剔透。假山群共有9条路线、21个洞口。横向极尽迂回曲折，竖向力求回环起伏。游人穿洞，左右盘旋，时而登峰巅，时而沉落谷底，仰观满目叠嶂，俯视四面坡差，或平缓、或险隘，给游人带来一种恍惚迷离的神秘趣味。"对面石势阴，回头路忽通。如

穿九曲珠，旋绕势嵌空。如逢八阵图，变化形无穷。故路忘出入，新术迷西东。同游偶分散，音闻人不逢。变幻开地脉，神妙夺天工"。"人道我居城市里，我疑身在万山中"，是狮子林的真实写照。

狮子林有着独特的建筑特色与艺术风格。首先，它是糅合了宗教含义的山水园。典型的苏州园林是文人写意山水园，园主大多数是文人或士大夫。他们追求自由的空间，"师法自然、效法自然"，追求"一峰则太华千寻，一勺则江湖万里"的意境。狮子林则不然，天如禅师在建园中虽然利用了宋代宦家的废园，但追求的是"识其授受之源"，即天目山狮子岩。要的是清旷幽邃的山林意境。园内"作屋不多""悉如丛林规制"，禅意尽在其中，将怪石比作狮子，比作听经说法的僧人，整座假山群布局扑朔迷离，暗藏玄机；其次，它是交融了南北园林装饰风格的山水园。由于乾隆皇帝对苏州园林特别喜爱，他六次游览狮子林。园内有特意为他书写的"真趣"匾建起的亭子。小青瓦、飞檐戗角、吴王靠、砖细坐槛。但亭内装饰完全是皇家园林的装饰风格，画栋雕梁，流金溢彩，六只镏金小狮子点缀于吴王靠上，亭柱上外悬两只倒挂金狮子，金碧辉煌，浓丽华美。

据史载，1703年2月康熙皇帝南巡狮子林赐额"狮林寺"后，乾隆皇帝六游狮子林，先后赐"镜智圆照""画禅寺"及现存"真趣"等匾额。乾隆还下令在北京圆明园、承德避暑山庄内仿建了两座狮子林，可见当年帝王对狮子林情有独钟。狮子林自元代以来，几经荒废，几经兴旺。历次的重修都打上了深深的历史烙印，反映了当时的历史、文化、经济特征。颇具争议的是最后一代园主贝润生对狮子林的重建。清咸丰年间，狮子林年久失修，叠石亭台坍塌，由贝润生购下重修。植花木、浚水池，增建燕誉堂、小方厅、九狮峰、牛吃蟹等景点。园周环以长廊，上置"听雨楼藏帖""乾隆御碑""文天祥诗碑"等碑刻71块。建湖心亭、九曲桥、石舫、荷花厅、见山楼、人工瀑布等景点，峰石依日。又购园东住宅，建族校、家祠，在修建过程中采用了部分现代的建筑材料，如水泥、钢筋、彩色玻璃等，修建了部分西洋风格的建筑，留下了造园史上的败笔和有争议之处，但也很好地保护了原存的建筑和假山，搜集了大量文物，使一代名园得以再现光辉。再次，以假山群为主要景点是山水园狮子林的又一特色。狮子林能够在众多的江南园林中独放异彩，正是有赖于这一特性。假山群占地约53平方米，几乎全部用具有"瘦、透、漏、皱"的太湖石堆叠。假山分水假山和旱假山两部分，局部假山分上、中、下三层，有"桃源十八景"之说，反映了各个不同历史时期文化风貌的山水园——狮子林，从最初的禅宗丛林到寺庙后花园，最后演变为私家花园，园林主人的更替，必然在历次修缮中反映到造园艺术上。狮子林在面积仅有9000多平方米的范围内，保留了元、明、清、民国等历史遗存，使其各具特色，又巧妙融合在较为统一的风格中，成为苏州园林造园史上值得重视的特例；最后，狮子林假山在中国古典园林中得名"曲折、复杂之最"。元末明初建园时，搜集了大量北宋"花石纲"的遗物，经过叠石名家的精妙构思，假山群气势磅礴，以"适、漏、瘦、皱"的太湖石堆叠的假山，玲珑俊秀，洞壑盘旋。假山上有石峰和石笋，石缝间长着古树和松柏。石笋上悬葛垂萝，富有野趣。沿着曲径磴道上下于岭、峰、谷、坞之间，时而穿洞，时而过桥，高高下下，左绕右拐，来回往复，奥妙无穷。两人同时进出分左右路走，只闻其声不见其人，少顷明明相向而来，却又相背而去。有时隔洞相遇，是可望而不可及。眼看"山重水复疑无路"，一转身"柳暗花明又一村"。一边转，一边可欣赏千姿百态的湖石，多数为狮形，大大小小有500来头，有怒吼的、有憨睡的、有嬉戏打闹的，或躺或立、或大或小、或肥或瘦。也有像鼋的，像鱼的，像鸟的。还可找到十二生肖图，真叫人看得眼花缭乱。在假山顶上，耸立着著名的五峰：居中为狮子峰，形如狮子；东侧为含晖峰，如巨人站立，左腋下有穴，腹部亦有四穴，在峰后可见空穴含晖光；吐月在西，势峭且锐，傍晚可见月升其上。两侧为立玉、昂霄峰及数十小峰相映成趣。清代文人朱炳靖钻过假山后写道："对面石势阻，

回头路忽通。如穿几曲珠，旋绕势嵌空，如逢八阵图，变化形无穷。故路忘出入，新术迷西东。同游偶分散，音闻人不逢。"确实，把狮子林假山迷宫比作诸葛亮的八阵图，毫不为过。个中滋味，非亲临不能体察也。

　　总的来讲，狮子林是佛教的（历史沿革、建筑题名），又是世俗的（富商重建、陈设华丽）；它是古老的（元代始建），又是年轻的（20世纪20年代重建，是苏州最年轻的古典园林）；它本是南北园林交流的典型，现在又成为中外交流的窗口。多种文化的碰撞，使狮子林在历史的演变中形成了目前的风貌，但在总体建筑格调和审美思想上与传统文化有继承、延续的特点，这正是狮子林作为世界遗产的价值所在。让我们更加精心地爱惜它、保护它，将这一艺术作品世世代代传承下去，让中华文化的瑰宝更加光彩夺目。

中国古代江南园林

四、留　园

留园坐落于苏州阊门外留园路，历史上称阊门外下塘花步里。是全国重点文物保护单位，与苏州拙政园、北京颐和园、承德避暑山庄齐名，为全国"四大名园"。1997 年列入"世界遗产名录"。

留园始建于明代万历二十一年（1593 年），为太仆寺少卿徐泰时的私家园林，时人称东园。袁宏道于万历二十四年作《园亭记略》，盛赞其宏丽轩举，内一石屏为周时臣所堆，高 3 丈，阔可 30 丈，如一幅山水横披画，无断续痕迹。又有"太湖石一座，名瑞云峰，高三丈余，妍巧甲于江南"。后来衰败，清初一度废为踹布坊，由布商所雇踏布者居住。园改为民居，一峰独存，其余不可复识。宅西北园相传重建于陈氏，因屡易主而圮坏。

清代乾隆五十九年（1794 年），园为吴县东山刘恕所得，在"东园"故址改建，于嘉庆三年（1798 年）始成，因多植白皮松、梧竹，竹色清寒，波光澄碧，因园内竹色清寒，故更名"寒碧山庄"，俗称"刘园"。刘恕喜好法书名画，他将自己撰写的文章和古人法帖勒石嵌砌在园中廊壁。后代园主多承袭此风，逐渐形成今日留园多"书条石"的特色。刘恕爱石，治园时，他搜寻了十二名峰移入园内，并撰文多篇，记寻石经过，抒仰石之情。嘉庆七年（1802 年），著名画家王学浩绘《寒碧庄十二峰图》。

道光三年（1823 年）开放，游者无虚日，人称刘园，号吴中名园之冠。太平军后，园幸存而荒芜不治。园宅先售与程卧云，住宅部分于同治十三年改建二程夫子祠，园则以 5000 金转售于曾任湖北布政使的常州盛康。园额为龙溪盛氏义庄，有庄田 3000 余亩。盛康《留园义庄记》云：同治"十有二年癸酉复于苏州阊门外花步街购得刘氏寒碧山庄，易名为留园"，改称留园是因刘园之名久传，即仍其音

面易其字，并寓吴下名园俱遭兵灾，是园独留之意。盛大加修治。

光绪二年（1876 年）俞樾作记，称"凉台燠馆，风亭月榭，高高下下，逦迤相属"。光绪十四至十七年，添辟东西两部，建鹿笼鹤亭。西部筑小蓬莱土山、十景花坞、蔬圃、草地（名射圃）、花房。东部即冠云峰一带，该峰原峙立于民宅间，刘恕不能得。经太平军与清军之战，民宅荒芜，盛于十七年购得峰前地，俱纳入园墙之内。据包天笑《钏影楼回忆录》，其花步里祖宅在太平军后夷为瓦砾场，田契尽失，亦为盛氏所得。盛又建"东山丝竹"戏台，临街西侧建祠堂及部分宅屋。园宅约 40 余亩，比昔日刘园更增宏丽。后又购程祠址，建四进大宅（今五福弄及程福里民居址）。

中华民国七年（1918 年 3 月），留园再次被查封。由吴县县政府派员管理，贴邻房屋全部为第十六旅旅部借用。同年 6 月 18 日，园经修葺后开放游览。此时建筑尚完整，古树参天，远望气势蓊郁，人称"苏垣鸟类之大本营"。又有孔雀、鹤、猴之属。每年二三月中举行兰花会，名种荟萃，春秋佳日游客如云。为当时苏州第一游览胜处。民国二十一年淞沪抗战，留园曾充宁沪警备司令张治中的高级教官室。6 月 1 日园经整理后又开放。1922 年 10 月 13 日园再发还盛氏。1926 年童寯《江南园林志》称"园内装折铺地女墙各尽其妙，而以铺地为优"。日军侵占初，盛氏雇人看管，假山花树尚完好。据 1930 年 5 月间《苏州新报》报道，尚可游赏。后自留园路中段以西全为日军占用。园中饲养军马，假山欲坠，精美家具被掠一空，抗日战争胜利后又沦为国民党部队马厩，五峰仙馆柱子被马啮成葫芦形，马粪积二三尺，门窗挂落破坏殆尽，上无片瓦，园内破壁颓垣、一片瓦砾。园东盛宅厅堂框架尚存，大部破坏不堪。至苏州解放前夕，还我读书斋、揖峰轩一带已成为乞丐难民栖宿处。解放后，盛氏后人将园捐献给国家。

1953 年，市政府决定抢修留园，先采以工代赈方式，清除园内瓦砾马粪。9 月 1 日开始施工。对五峰仙馆、揖峰轩等残破建筑，扶直加固，接补移换，保存原结构，细心修复；对冠云台等坍毁而尚存基础者，按原风格重建；对全部坍毁而基地不详，特别是北部的少风波处、花好月圆人寿轩、心旷神怡之楼（走马楼）、亦吾庐、半野草堂等残余建筑，或拆除为廊，或植竹园。亦吾庐楼厅改建为佳晴喜雨快雪之亭。又一村处仅余荒地，则改置葡萄架及小桃坞，以其田园风味与附近环境相协调。门窗装修则收购自旧货市场或私家旧宅。盛家祠堂中 100 多扇门窗挂落亦拆下移入园中。年末修复竣工，1954 年元旦开放。国内外人士争来游赏，同声赞誉名园重光。留园 1961 年被列为全国第一批重点文物保护单位，后被列入全国四大名园。

留园占地约 50 亩，大致可分中、东、西、北四个景区。其间以曲廊相连。迂回连绵，长达 700 余米，通幽度壑，秀色迭出。中部是原来寒碧山庄的基址，中辟广池，西、北为山，东、南为建筑。假山以土为主，叠以黄石，气势浑厚。山上古木参天，显出一派山林森郁的气氛。山曲之间水涧蜿蜒，仿佛池水之源。池南涵碧山房、明瑟楼是故园的上体建筑，楼阁如前舱，敞厅如中舱，形如画舫。楼阁东侧有绿荫轩，小巧雅致，临水挂落于栏杆之间，涌出一幅山水画卷。涵碧山房西侧有爬山廊，随山势高下起伏，连接山顶闻木樨香轩。山上遍植桂花，每至秋日，香气浮动，沁人心脾。此处山高气爽，环顾四周，满园景色尽收眼底。池中小蓬莱岛浮现于碧波之上。池东濠濮亭、曲溪楼、西楼、清风池馆掩映于山水林木之间，进退起伏，错落有致。池北山石兀立，涧壑隐现，可亭兀于山冈之上，有凌空欲飞之势。

东部重门叠户，庭院深深。院落之间以漏窗、门洞、廊庑沟通穿插，互相对比映衬，成为苏州园林中院落空间最富变化的建筑群。土厅五峰仙馆俗称楠木厅，厅内装修精美，陈设典雅。其西，有鹤所、石林小院、揖峰轩、还我读书处等院落，竹石倚墙，芭蕉映窗，满目诗情画意。林泉耆硕之馆为鸳鸯厅，中间以雕镂剔透的圆洞落地罩分隔，厅内陈设古雅。厅北矗立着著名的留园三峰。冠云峰居中，瑞云峰、岫云峰屏立左右。冠云峰高 6.5 米，玲珑剔透，相传为宋代花石纲遗物，系江南园林中最高大的一块湖石。峰石

之前为浣云沼，周围建有冠云楼、冠云亭、冠云台、仁云庵等，均为赏石之所。

西部以假山为主，土石相间，浑然天成。山上枫树郁然成林，盛夏绿荫蔽日，深秋红霞似锦。至乐亭、舒啸亭隐现于林木之中。登高望远，可借西郊名胜之景。山左云墙如游龙起伏。山前曲溪婉转，流水淙淙。东麓有水阁"活泼泼地"，横卧于溪涧之卜，令人有水流不尽之感。

北部原有建筑早已废毁，现广植竹、李、桃、杏，"又一村"等处建有葡萄、紫藤架。其余之地辟为盆景园，花木繁盛，犹存田园之趣。

四个区块各自呈现不同的特色，相互之间布局紧密，利用建筑群对各景点进行隔断，同时又通过窗棂将景物相连：并建造曲廊连接全园各部分，依势曲折，通幽渡壑，长达六七百米。

留园最著名的是假山奇石之多姿多彩。它的三任主人徐泰时、刘恕和盛康都是好石之士，这是园中多奇石且且极富观赏价值的主要原因。古石除冠云等三峰外，刘园十二峰尚存十一，其他还有刘恕品题过的晚翠、断霞、日华等奇石。

苏州园林空间艺术具有明显的地方特色，是吴文化的一个重要组成部分。苏州地处太湖之滨，气候宜人、四季分明、风景秀丽、人杰地灵、人文荟萃、在这样的自然环境和人文环境下，形成了苏州人特有的生活方式和城市风貌，苏州人不追求雄伟壮大，更喜小桥流水、小巧玲珑，优美的园林建筑造型和装饰风格具有浓郁的地方特色，粉墙黛瓦、色彩典雅，特有园林空间艺术语汇构成了独特的苏州园林艺术的风格。作为中国古典文化中的一个奇葩，其丰富的文化内涵、深邃的造园思想和精湛的艺术形式，还有待进一步的研究探索、发扬光大。

附：苏州园林的主要遗存

从宋代起经元、明、清的千余年来，苏州作为著名的园林名城，至今仍保存着许多独树一帜的私家园林。据《苏州府志》统计，苏州在周代有园林 6 处，汉代 4 处，南北朝时有 14 处，唐代 7 处，宋代 118 处，元代 48 处，明代 271

处，清代130处。现存的苏州园林大部分是明清时期的建筑，在16-18世纪的全盛时期，苏州有园林二百余处，现在保存尚好的有数十处，并因此使苏州有"江南园林甲天下，苏州园林甲江南"的美誉。

沧浪亭，苏舜钦于北宋时期建造。特点：因地制宜，巧于因借，山水并重，长廊取胜。

网师园，史正志于南宋时期建造。特点：园内布局玲珑紧凑，景观似断似续，处处贯通，有行回不尽之致，是以少胜多的小园极则。

狮子林，元代天如禅师建造。特点：园中的花木、池水、建筑与假山有机地结合，以假山取胜。

拙政园，明代王献臣建造。特点：园林的分割和布局非常巧妙，充分采用了借景和对景等造园艺术。

留园，明代徐泰时建造。特点：建筑结构为特长，布局严谨紧密，装饰精巧别致，门户重叠，变化多端。

艺圃，袁祖庚于嘉靖时期建造。特点：布局开朗简练，风格质朴自然，以文取胜。

颐园，蒋楫于乾隆时期建造。特点：以假山之妙而著称，外观虽如一堆拳石，进则仿佛置环秀山庄，身于千岩万壑之中。

藕园，清代陆锦建造。特点：黄石叠山，构园布局讲究易理，寄寓爱情主题。

退思园，清代任兰先建造。特点：因地制宜，巧妙理水，寄托江湖之思。

怡园，清代顾文彬建造。特点：博采诸园之长，布局紧凑，手法得宜。

苏州园林

岭南园林

岭南园林以其独具浓厚的地方特色而与北京的皇家园林、苏州的江南园林并称为中国古典园林三大体系，它地域广阔，风景优美，文化深厚。岭南园林始建于南越帝赵陀，兴盛于明清，延及民国，受岭南文化的影响，岭南园林具有通透与朴实、精美与细腻的特色，综合了多元文化特点，把北方、江南和外国的园林艺术兼收并蓄，灵活吸收，使园景布局显得挥洒自如，不拘一格。

岭南园林

一、岭南园林的历史

岭南园林因其独具浓厚地方特色而与北京的皇家园林（颐和园）、苏州的江南园林（拙政园、网诗园等）并称中国古典园林三大体系，它地域广阔、风景优美、文化深厚。岭南园林始建于南越帝赵陀，兴盛于明清，延及民国。受岭南文化的影响，岭南园林具有通透与朴实、精美与细腻的特色，综合了多元文化特点，把北方、江南和外国的园林艺术兼收并蓄，使园景布局显得挥洒自如、不拘一格。

（一）南越王朝园林

岭南园林历史比中原园林晚得多，秦始皇派任嚣、赵佗二将统一岭南，赵佗在汉初称帝为南越武帝，南越历 5 主 93 年。自赵佗始，南越皇帝效仿秦皇宫室园囿，在越都番禺（今广州）大举兴宫筑苑，建有皇家园林越王台、白鹿台、长乐台和朝汉台等。此园林利用自然地形和自然环境，布置精细周密，喜用规整的水渠、石池，这一直影响着岭南园林的发展。此外，闽北的无诸在汉初亦受封闽越王，史载无诸在福州桑溪"流杯宴集"，此举比兰亭"曲水流觞"早 550 年。

（二）南汉王朝园林

唐末，南汉和闽都是五代十国之一，刘龑建立南汉，掀起了第二次营建皇家园林的高潮，在广州留下了西御苑、河南宫苑、明月峡、越秀山、甘泉苑、芳林苑等。南汉宫城禁苑中，最著名的当数南宫仙湖药洲。药洲上放置有可供赏玩的名石九座，世称"九曜石"，比拟天上九曜星宿，寓意天宫。药洲仙湖成为花、石、湖、洲争奇斗艳的园林胜景，历宋元明清诸代，一直是广州古城的主要风景区。现存的九曜园，其前身就是仙湖遗迹，宋代书法家米芾题刻在九曜石上的"药洲"二字尚清晰可辨。南汉园林散点分布在城市的四周，在注重自然与城市结合的同时着意园林与建筑物之间的紧密配合，将岭南的皇家宫苑推上了顶峰。然而，随着割据政权的衰亡，岭南皇家园林也就销声匿迹了。

（三）明清私家园林

唐宋时期，岭南私家园林开始发展。唐有广州荔园、福州芙蓉园，宋有惠州白鹤居、海南载酒堂、登州十二石斋、广州西园、高要菊圃、阳光西园、新兴十仙园、泉州金池园等。

明清时期，由于岭南经济发展，私家园林兴盛起来。广东有私园 50 多处，明代的如东皋、小云林，清园如广州小画舫斋、潮阳磊园、普宁春桂园、梅州人境庐等，广西有清代雁山园。明清福建私园亦有 40 多处，如福州伊园、泉州春夏秋冬四园、厦门菽庄花园等。台湾有 20 多处，如台南吴园、台北板桥花园、雾峰莱园和新竹潜园。到清中叶以后，岭南园林日趋兴旺，在园林的布局、空间组织、水石运用和花木配置方面逐渐形成自己的特点，成就了别具一方特色的园林体系。

（四）近现代园林

近代，随着岭南社会经济的逐步上升、文化艺术的发展和海内外的交流日益频繁，岭南园林逐渐呈现越来越浓厚的地方民间色彩。自古以来，岭南地区就是中外商贾云集之地，最早受到西方文化的影响，可谓"得风气之先"。鸦片战争后，岭南地区在接触、了解、吸收西方文化继续领先，开启了主动了解世

界、学习西方的历史进程，从而完成了由"得风气之先"向"开风气之先"的飞跃。

在这个时期，岭南园林在汲取西方文化进行中西文化交流的对话中，选择了统一调和、博采众长、为我所用的积极策略，在以中国传统园林为基础的条件下，吸收了大量的西方文化，而近代岭南园林的创新发展也是以西方文化的输入为契机的。特别是岭南的别墅园林，其布局各具特色，结合了许多西方园林的思想和手法，例如广东开平立园、广州陈廉仲公馆庭园、广州东山梅花村陈济棠公馆等都在继承传统的基础上兼具西方建筑风格。

中国古代江南园林

二、岭南园林的分类

（一）按归属类型分

　　岭南园林有皇家、私家、公共园林等。皇家园林有南越王的四台、闽越王的桑溪、南汉的西御苑、闽王的西湖水晶宫等。私家园林有广西的雁园、广东的四大名园、台湾的四大名园、福建的菽庄花园等。私园中保存最好的是番禺的余荫山房，建筑上的灰塑门楣、英石堆山、规则池岸、木雕洞罩、廊桥组合都是岭南园林的典范。公共园林有惠州西湖、桂林七星岩、福建清源山、台湾龙湖岩等。惠州西湖因苏东坡谪居于此而得到全面整理，筑有五湖六桥一堤一塔，至今仍是岭南最杰出的西湖。其他，寺院园林有广东的海幢寺、福建的南普陀、海南的南山寺、台湾的竹溪寺等；商业园林有广州的南园、莲香楼、北园、文园、谟觞、西园、陶陶居等；衙署园林有泉州的两衙园、台湾的寓望园等；书院园林有广东的陈氏书院、番禺学宫、广雅书院、学海堂、玉岩学院等。到现代，公园之风大盛，岭南公园亦风格明显。

（二）按布局类型分

　　岭南园林有自然山水式、庭院式、综合式等。自然山水式园林得益于岭南得天独厚的地理和气候条件，风雨冲蚀出的石林、石峰和海水凿刻出的海湾小岛是岭南园林的特征，如厦门鼓浪屿、桂林象鼻山、北海银沙滩、三亚亚龙湾、台湾日月潭等。桂林山水是岭南自然山水的典范，七星岩公园内有类似北斗七星的七星山和酷似骆驼的骆驼峰，象鼻山则酷似一头入江豪饮的大象。综合式园

林表现于名山名湖古刹与园林的结合，如南海的西樵山、泉州的清源山、广东的罗浮山、三亚的南山寺等。南山寺园林是自然风景与人工相结合的典范，海边有悬崖峭壁和海滩礁石，海中有人工石雕观音，寺院内有湖景、堆石、建筑、廊台、索桥，为海南第一综合景观，连扇子、铜锣都成为园中之景。庭院式是岭南园林的特色，其小巧堪与日本古典园林相媲美，几乎所有的私宅、酒家、茶楼、宾馆皆建筑庭院园林，如东莞可园、广州白天鹅宾馆、海口华侨宾馆等。可园的"连房博厦"和碉楼是岭南建筑的代表，白天鹅的中庭是现代宾馆中庭的代表，海口华侨宾馆是岭南海景和山景模仿的代表。

（三）按地域类型分

岭南园林有广东园林、广西园林、福建园林、台湾园林、海南园林等。

1. 广东园林

广东自古就是岭南园林的集中地，广州是中心地，到现代依然如是，崖瀑潭局、灰塑作品、廊桥洞窗及新颖类型（指新创造的园林类型）都是万方景仰而又难以企及的目标。作为岭南园林的主流，它以山水的英石堆山和崖潭格局、建筑的缓顶宽檐和碉楼冷巷、装饰的三雕三塑、色彩的蓝绿黄对比色、桥的廊桥、植物四季繁花为特征。番禺的宝墨园，设计之细致、装饰之繁杂堪称国内私家园林之最；围墙上的灰塑，有人物故事和花草虫鱼；两件宝物《清明上河图》瓷塑浮雕壁和《吐艳和鸣》砖雕壁已被列入世界吉尼斯纪录，园中的紫洞艇舫也是船舫之最了。此外，广东四大名园、古典私园人境庐、中西结合的立园、惠州西湖都是闻名遐迩的力作。

2. 海南园林

海南园林大部分景观围绕风景区展开，古典园林遗存较少，多为现代公园和风景区。它多以自然山水中的海景、岛景、礁景、滩景为山水特征，草顶、鱼饰、朴素为建筑特征，椰林、槟榔、三角梅等为植物特征。各个园林中的堆山都用珊瑚石，大东海以它砌坡，海洋公园以它砌门，五公祠以它堆山。典型代表有古典园林五公祠、寺院园林南山寺、风景区园林大东海和亚龙湾、主题公园热带海洋公园以及综合公园金牛岭公园等。

3. 广西园林

广西是自然风景的集中地，原生石峰、石潭、流瀑比比皆是，利用原生自然进行划地保护、整理加工，就成为历代园林工作重点，由此也延续了自然山水与人文有机结合的传统。广西园林以自然山水与历史文化的积淀为特征，表现于石林、石峰、石崖、石潭、壁刻之中。几乎所有的园林都在风景名胜之处，有山水可依凭，这是其他园林所没有的，而且每个名胜之中历史文化积淀非常深厚。代表作如七星公园集山奇、水秀、洞异、树翠、花香五大美于一园，有花桥、博望亭、旷观亭、普陀精舍、玄武阁、碧虚观、月牙楼、盆景园等，更有散布于全园的 500 余件摩崖石刻以及印证桂林之名的 9000 余株桂树，其中七星岩、月牙楼、华夏之光壁、盆景园、骆驼山、普陀精舍、花桥为岭南园林精品。

岭南园林

4. 福建园林

福建园林始于西汉，亦有皇家园林出现，明清后私家园林达到鼎盛期，多达近 50 处，现代园林以闽南三角洲地区最集中。它以礁石、塑鼓石为山水特征，以起翘正脊、海波脊尾为建筑特征，正脊龙雕、鱼草山花和石刻石雕为装饰特征。鳌园是石雕的代表，嘉庚园是建筑的代表，南湖公园是塑鼓石的代表，万石植物园是海鼓石的代表。

5. 台湾园林

台湾园林始于明末，在清代达到鼎盛，尤以私家园林为著，亦达 20 多处。园林多以灰塑石山、石山以模仿福建名山为山水特征，以闽南建筑为建筑特征，以平顶拱桥为桥特征，以灰塑或砖雕瓜果器具漏窗为装饰特征。台北的板桥花园是这几大特征的代表，灰塑石山与国画之皴法相似，仿写福建漳州城外之山，人工味十足；各种漏窗奇特异常，有石榴形、南瓜形、蟠桃形、柚子形、蝙蝠形、鼎炉形、花瓶形等，极其生动，象征平安福寿；景墙如观稼轩前的开卷式景墙，就像一本打开的书本，活灵活现，象征开卷有益。此外，台湾省的四大名园、日月潭也很有特色。

三、岭南园林的特点

作为中国传统造园艺术的三大流派之一，岭南园林在中国造园史上有着非常重要的意义，特别是在现代园林的创新和发展上，更有着举足轻重的作用。岭南山水秀丽，层峦叠翠，又濒临沧海，环境风物别具特色。岭南人追求自然化、艺术化园居生活，这孕育了岭南园林的独特风格：岭南园林以宅院为主，一般都作成庭院的形式；叠山多用姿态嶙峋、皴折繁密的包镶，很有水云流畅的形象，沿海也有用珊瑚石堆叠假山的；建筑物通透开敞，以装饰的细木雕工和套色玻璃画见长；由于气候温暖，观赏植物的品种繁多，园林之中几乎一年四季都是花团锦簇、绿荫葱郁。岭南园林还善于融汇中西文化，博采其长，为我所用，使岭南园林既不失地方特色，又富有现代感，这是其他园林所不能企及的。

（一）规模小，多为私宅

岭南园林一般规模较小，面积多则三五亩，少的仅数十平方米，多为与住宅结合一体的宅园，通常形成建筑与自然环境紧密结合的庭院形式。庭中喜欢用水点缀山石花卉，以植物、山石、小品等园林材料构庭园空间景观。岭南园林虽然在建筑的艺术造型上不如苏州园林那样轻巧，也不像北方园林那样平稳持重，但在动用植物材料造景上却独树一帜，创造出"人与自然"和谐共处、"天人合一"的融和境界。

岭南地处北回归线两侧，为亚热带季风型气候，长年繁花似锦，又盛产英石、腊石、钟乳石等观赏石材，有良好的造园条件。因气候湿热，岭南人喜欢在住宅中设庭园调节小气候环境，不论城镇村落，宅内设庭蔚然成风，并与各式民居建筑融为一体。在庭园中，或摆设盆景，或种植蔬果，或点石凿池，小庭常以明雅畅朗见长，大院则有高树深池藏荫。传统的岭南园林既具有中国园林的基本风格，又因地理环境、自然气候和乡土文化的影响而在布局形式、建筑装修、植物造景等方面独具地方特色。

在园林欣赏方式上是以静观近赏为主，动观浏览为辅；园景创作上讲究点景、借景和升华意境，常用富有诗意的景题作为画龙点睛、表达意境手段，激发游赏者的联想而细细玩味。

（二）植根民间，章法灵活

岭南园林主要植根于民间，没有北方皇家园林的常规祖制，也不具江南文人园林的严谨章法，园景构图根据生活内容的需要适当处置，随机应变，各种设施求实重效，顺从人意。岭南古代的园林匠师综合了多元文化类别，吸收北方的、江南的、外国的园林艺术意境，变更其形灵活吸收，挥洒自如，使园景布局显得较为随意，不拘一格。如粤东普宁春桂园，利用旧城河道，沿河道两岸布置建筑物围合成园，北面布置有住宅、书斋、祠堂等建筑物，建筑物之间以一狭长的规则的河道相隔，并以廊道、亭榭、水舍相连；南面则布置了庭院，形成了一个几何形构图的规则的狭长形的园林布局。

又如潮州"梨花梦处"书斋园林，园林分为南、北两部分，南部为书斋、北部为观戏处，两者都附有庭园，而且都以建筑或围墙围合成规则的长方形庭院。两个庭院以围墙间隔，有一圆洞门联系两部分。再如东莞可园筑于可湖旁，如浮水面，园地呈不规则多边形，园内不讲究轴线对位关系，占边把角，回环曲折，一楼、五厅、六阁、十五房、十九厅的建筑组合，平面灵活多变，立面高低错落，沿墙设以曲折游廊，中庭缀以山池花木，布局自由活泼，主庭以当地珊瑚石砌筑"狮子上楼台"假山为主景，造型别致风趣。为借园外景色，览远畅怀，又在园西的可轩之上重楼架屋，建筑了高达15.6米的邀山阁。远近诸山、沙鸟江帆，莫不奔赴、环立于烟树出没之中，去来于笔砚几席之上。

（三）建筑轻盈，装修精美

在建筑形式上，岭南园林亦有比较鲜明的特色：通透开敞、体型轻盈、大方朴实，体量较小。然而岭南园林装修精美、华丽，大量运用木雕、砖雕、陶瓷、灰塑等民间工艺、门窗格扇、花罩漏窗等都精雕细刻，再镶上套色玻璃做成纹样图案，相互结合，灵活运用，在色彩光影的作用下，犹如一幅幅玲珑剔透的织绵。在建筑的色彩装饰格调上，岭南园林艳丽多彩、纤巧繁缛，建筑物的体量不大但装修装饰雕镂精美华丽，红、橙、青、绿等各种色彩交错运用，相互辉耀、绚丽多姿。此外，岭南园林的布局形式和局部构件还受西方建筑文化的影响，如中式传统建筑中采用罗马式的拱形门窗和巴洛克的柱头，用条石砌筑规整形式水池，厅堂外设铸铁花架等，都反映出中西兼容的岭南文化特点，如清晖园和潮阳西园。

岭南园林的代表"粤晖园"充分体现了传统的岭南园林艺术特色。园中凿有一池，临池建造了主体建筑的船厅，以现代园林小品相点缀，力求将广东传统园林建筑中的石雕、木刻的造型形式和简洁、抽象化的现代造形艺术相结合。

（四）布局巧妙，诗意盎然

岭南私家庭园布局采用建筑包围园林的形式，即

岭南园林

107

以建筑空间为主的庭园造园，规模比起江南园林来要小得多。宅居和园林融为一体，表现出园主人追求日常生活中的实际。庭园设置不在乎大与全，而在于实用，庭园功能是以适应生活起居要求为主，适当地结合一些水石花木，以增加庭园的自然气氛和观赏价值。这两种造园的形式和指导思想，也就是岭南庭园和江南园林本质上的区别。

传统的岭南园林常用的布局手法是在建筑庭院中凿池置石、周边间以四时花木点缀、并配植以高大乔木留荫，亭、廊、桥、舫、景门、花窗等园林建筑则穿插布局，结构精巧、色彩艳丽，空间通透开敞。为了达到既在功能上经济实用，又在景观上"小中见大"的效果，园景构图上常以缩小尺度的山、池、亭、桥、路等来扩大空间感觉；理水方式以聚为主，池岸较为规整；巧用景门、景窗、假山、石洞等障景、框景来增加景深层次；辅之迂回小径延长游览路线。园林空间组合灵活多变、过渡自然，建筑小品意境含蓄多姿。例如建于1871年的番禺余荫山房，就以小巧玲珑、诗意盎然的独特风格而被誉为岭南四大名园之一。全园布局精巧，以藏而不露、缩龙成寸的手法，将画馆楼台、轩榭亭桥、假山碧池尽纳于三亩之地，小中见大，浅中见深，幽旷兼收。园中回环幽深、虚实相映的亭台池馆、山石花木，借助诗文题咏的点染开拓，达到了隐小若大、静中有动的审美效果。其造园意境恰如门联所题："余地三弓红雨足，荫天一角绿云深"，令人遐思无穷。

此外，岭南宅园观赏路线的布置也别具一格，多为环形路线，通常以连廊、房屋、走道绕庭园山池一圈，厅堂、曲廊、亭榭等建筑物大都兼有观赏和交通双重功能。

（五）西方建筑文化的注入

岭南园林作为中国三大园林体系的一个分支，继承了中国古典园林"源于自然、高于自然"的传统思想，但由于岭南地区特殊的自然地理环境和开放兼容的文化性，借鉴西方园林规则整式的思想，形成了岭南园林的独特风格。岭南园林在布局手法上是以中国传统园林为基础，并吸收了西方园林几何规则形的布局。园林布局规整严谨，甚至连庭院路径也采用规整的形体图案，例如梅州市晚清诗人黄遵宪的故居——人境庐，则采用了不规则的几何图形，体现了岭南园林布局手法的重要特征。

岭南近代营造的私家园林 -- 潮阳西园是一个中西合璧的典型代表。西园的总体布局不同于中国传统的造园手法，大门西向，进门就是开阔的水庭，正对大门的水面布置有六角亭一座，在西园北端的为两层住宅，住宅南北朝向，面向中庭，布局对称规整，平面基本上是潮汕民居的五间加边房式，但吸收了西式建筑的布局格式。建筑取消内天井，代之以内廊组织的洋楼式住宅，中西结合、因地制宜、相互交错、巧妙经营。

（六）文化内涵丰富

岭南园林造园只要"万物皆备于我"，便可接纳融合，这既有孔子"文之以礼乐"的思想，又有老庄"原天地之美"的思想，而随着明清商业经济和对外贸易的发展，经世致用的造园理念和"西学东渐"的造园手法也融入到岭南园林之中，显示了岭南园林海纳百川的胸怀和多重多元的文化内涵。岭南园林文化有因自然而上升的文化，有因人工而积淀的文化，前者可归结为海岸文化和热带文化，后者可归结为远儒文化和世俗文化、享乐文化和商业文化，开放文化和兼容文化，贬谪文化和务实文化。由自然而上升为文化的方面，如建筑的高活动面和高柱础与水涝和湿气的关系，缓屋面和台风的关系，宽檐廊与多雨的关系，高墙冷巷与高温的关系，龙形、鱼形、水草、龟、蛇、

芭蕉主题与装饰的关系，塑鼓石与海蕉的关系，崖瀑潭局与自然山水的关系等等，可资利用则模仿自然之物之景，有弊有害则千方百计通过设计回避或化害为利，如古榕遮荫、椰林通风、敞厅纳凉等。

贬谪文化和务实文化源于历代受贬于此的正直官员爱民如子、与民同乐思想与行动的统一。古代的岭南开发较晚，从秦代开始，统治者多为北来贬官，三国的虞翻建虞园，苏轼修惠州西湖、海南载酒堂就是明证，韩愈在潮州游北城山水时说"所乐非吾独，人人共此情"，林票在辟潮州西湖时说"一以祈君寿，二以同民乐，三以振地灵起文物"，都表达了开拓务实、勤政爱民和与民同乐的思想。园中的景点如谪官湖、超然亭、逍遥亭、望野亭、勿幕亭、吏隐亭、望阙亭、六如亭等表达了悲观厌世的情绪。"拼命工作、尽情享受"是岭南人的人生观，他们不重视政治和意识形态的逻辑性，而重视直观和感性，于是，园林中的景观富于形象、情节、趣味和猎奇，舍得旅游是岭南人的享乐文化特点，把景观费用纳入衣食住行之中成为不成文的习惯，这也是该地主题公园门票最贵却一直游客爆满的原因之一。

中国古代江南园林

四、岭南园林的构成要素

（一）山

岭南园林很早就开始叠石造景，南汉时期已具有相当高的艺术水平。到了清代，岭南园林石景更发展到炉火纯青的境地，许多园林都是这一时期的作品。岭南园林由于规模小，故很少布置土山，而是以石为山，因此假山石景成为庭园的主要景观。岭南的掇山叠石多以观赏性为主，实用娱乐性较弱，假山独自成景并不多见，而是多与池水、建筑、植物共同组成园林景观。

岭南庭园的造山，常利用当地的山石和海石，通过各种手法，构成不同的景观效果，或叠石造景，或立石成峰，或布点散石，顺和自然意趣。岭南园林非属山性，园山有几种：一是崖瀑潭局中的悬崖，如清晖园的九狮山和凤来峰；二是海礁局的礁岛，如佛山梁园中的龟石和湖心石；三是鼓石潭局的鼓石岛，如万石植物园的万石湖中真鼓石和南湖公园中的塑鼓石；四是一般的堆山，如清晖园的"斗洞"、佛山梁园的"苏武牧羊"、海口五公祠中的珊瑚石山。岭南园林较少以土堆山，即便是现代公园也是如此，多因水为水，因山为山，如桂林园林中的真山水，几乎不改造。

（二）水

岭南园林属水性，理水成多种格局：一是崖瀑潭局中的石潭和瀑布，如白天鹅宾馆中的故乡水和水潭以及广州山庄宾馆的三叠泉；二是湖景，如惠州、潮州、雷州、福州、泉州的西湖，肇庆星湖，广州流花湖、东山湖和荔湾湖等；三是潭，与崖瀑潭局不同的是没有瀑布，水面较阔，如柳州龙潭公园的龙潭和雷

潭、台湾日月潭；四是流觞之曲水，如广州雕塑公园中的云溪；五是井泉，如广州的廉泉和贪泉，柳州鱼峰公园三姐楼院中的井栏等；六是一般水池。

水庭造园是岭南理水的主要艺术手法，其几何曲线形水池造型是岭南园林的特色之一，这自古如此，秦汉时期的南越王宫御花园的水池和水渠池形就已是规整的几何形体。近代，在西方造园思想的影响下，岭南园林的理水手法不同于江南园林那样，用自然的池形水面，其理水方式是以聚为主，池岸和水池形式较为规整。例如岭南名园番禺余荫山房是由两个规整形状的水池并列组成水庭，面积约有二百多平方米，水池的规整几何形状显然是受到西方园林水池布置的影响。

（三）石

在传统的岭南庭园中，各种石景的处理艺术也独树一帜。石是岭南园林中的一个重要的造景要素，因所处地理位置的关系，形成了岭南人酷爱石头并将千姿百态、玲珑奇巧的石头作为园中的一景，几乎是无园不石。而岭南园林叠石的手法也有很强的人工味，如广州西关石景"风云际会""东坡夜游赤壁"等，不但增加了庭园的自然野趣和层次感，还创造了庭园的优美感。

岭南园林石材和理石与江南及北方园林不同，石材有广西湖石、广东黄腊石和英石、闽南花岗石、海南珊瑚石、台湾咕咾石等。岭南理石不向上堆叠，而向水平展开，分为置石法、堆石法、挂壁法。置石法为黄腊石、湖石和花岗石，分平置、抛石和埋石三法。石身置于土上，如随意抛置而成，故云抛置，如金茶花公园；石根入土半截以下，称为平置，如湖里公园；石根超过一半没入土中称为埋石，如南山寺。堆石法多为用于湖石或珊瑚石，如汕头中山公园海礁石山、海口五公祠珊瑚石山、台湾吴园咕咾石山。叠石法主要用于英石的壁山做法，称挂壁法，最富岭南风韵，如广东潮阳西园的壁山叠石，仿海鸟景致，一潭池水模拟海面弯曲的堤岸呈现出渔岛的轮廓线，假山叠砌的渔岛峰峦起伏，峭壁悬崖，小道蜿蜒可登峰顶，下有水晶宫可观彩鱼。依壁石景独具匠心使人百游不厌、津津有味。

（四）植物

岭南地区因其地理位置，从温度、湿度、雨量、日照、土壤等自然条件方面均有利于花木的生长，所以观赏植物繁多、品种丰富，一年四季，随处可见树绿花红，形态美观，花团锦簇，灿烂活泼。

树有棕榈类的大王椰、假槟榔、大王棕、酒瓶椰；有藤本的炮仗花、夜来香、麒麟尾、紫藤、簕杜鹃、绿萝；有耐阴的蕉类、芋类、蕨类、葵类；有果木如荔枝、芒果、香蕉、芭蕉、凤眼果等，还有广东著名"十香"之称的白兰、米兰、珠兰、含笑、夜合、夜香、瑞香、茉莉、素馨和鹰爪等。

岭南名园番禺余荫山房，环绕八角亭的水渠两旁以园径及花池花基划分几何图形的花圃，散点山石，植白兰、荔枝、大树菠萝等花果树木及盆栽，花木扶疏，透过桥廊，相互掩映多致。深柳堂前廊伸出西式铁铸通花花檐，堂前月台左右各植炮仗花（迎春花）树一株，经一百多年风雨，古藤缠绕，茂盛苍劲，每逢春节期间满檐红花烂漫，宛如红雨一片，点缀山房景色，堪称一绝。

岭南园林

（五）建筑

中国的传统造园是以自然取胜，通过叠山理水，植物配置，浓缩自然山水美景。而岭南园林则强调以建筑、装饰、小品、植被综合取得艺术效果，而这种效果在很大程度上表现为人工的艺术。例如潮阳西园，西园临街开门三间，采用潮汕传统门房式；前有凹门廊，后有宽畅门厅，适应岭南多雨气候；然而门房造型却为西洋平顶柱廊式。

从类型上看，有碉楼、船厅、廊桥等。碉楼源于碉堡，如可园邀山阁、清晖园留芬阁和立园毓培楼；舫除了江南园林似的石舫外，还有岭南的舫，如宝墨园的紫洞艇，更有与众不同的船厅，把客厅与楼结合，略带船意，多为千金小姐用，故俗称小姐楼，如清晖园和余荫山房就是如此。亭的做法很不规范，千奇百怪，或用回廊、围墙围合的，或用角梁与枋穿插的，或少数民族式、俄罗斯式或西欧式。桥在古典园林中多与廊结合成为廊顶石拱桥，如余荫山房为典型，另有少数民族的风雨楼和山区的索桥。

就组合方式看，用"高墙冷巷"把建筑院落进行多进多庭院组合，或用"连房博厦"把建筑与庭院连为一体；就单体形态看，多高柱础，宽檐廊，厚实墙，青瓦顶，压瓦砖，翘正脊，花玻窗，砖雕窗，灰塑门；就装饰来看，最典型的是"三雕三塑"，即木雕、砖雕、石雕，陶塑、泥塑、灰塑。古典园林中三雕三塑遍布全园，在门头、门联、窗楣、基座、台案、檐口、檐柱、月梁、瓜柱、雀替、坐靠、栏杆、屋脊等处，其中以灰塑和砖雕最具岭南味，如清晖园中的"苏武牧羊"灰塑和板桥花园中的瓜果砖雕漏窗。

（六）字画

　　岭南宅园中，文人雅士也在追求园林意境，景观景点喜用点题来表达意境，如题名、匾额、对联等。古园的字画相对较少，现代园林中更是少用，但也不乏佳作，如惠州小桃园后门联"不深不浅湖水，半砖半阁人家"；荔湾湖公园海山仙馆有联"荷花世界，荔子光阴"；可园邀山阁联"大江前横，明月直入"、可园雏月池馆联"大可浮家泛宅，岂肯随波逐流"、正门联"十万买邻多占水，一分起屋半栽花"；人境庐息亭联"有三分水四分竹添七分明月，从五步楼十步阁望百步长江"；惠州西湖六如亭联"不增不减不生不灭不垢不净，如梦如幻如泡如影如露如电"等。这些字画起到了画龙点睛的作用，有助于游人领会园景境趣，激发人的联想，使人玩味无穷。例如余荫山房的主人邬彬曾为园林建筑玲珑水榭的精美景致而题有一副对联："每思所过名山，坐看奇石皱云，依然在目；漫说曾经沧海，静对盼瀣印月，亦是莹神。"这说明了岭南造园追求园林意境的美学和艺术思想。

（七）盆景

盆景是岭南园林不可或缺的特色元素。据史料记载，宋哲宗亲政时，苏东坡被贬广东，他一到惠州，就赋诗大赞"岭南万户皆春色"。到了清代，盆景艺术已普及于民间。《琼州府志》记述："九里香，木本，有香甚烈，难长，选最短者，制为古树，枝干拳曲，作盆盂之于，有寿数百年者。"盆景对岭南园林庭院式园林风格影响可见一斑。山石盆景成为佛山梁园的最大特色。佛山规划中的历史文化街区，将围绕梁园扩建的文化街区作为佛山创建历史文化名城的重要组成部分，"十二石斋"仍然是今日梁园最吸引旅客的景点之一。岭南盆景的创作思想是崇尚自然，以自然界的树木形态（最先是以几百年古老的荔枝树）为师，以达到形似，所以在观赏岭南盆景时，会觉得无论是古拙嶙峋的大型树或是飘逸潇洒的画意树都会给人一种天然古朴的印象。

（八）岭南园林材料和细部中的西方元素

岭南园林中的建筑造型及装饰纹样亦常仿西式，如建筑局部的西洋古典装饰——拱形门窗、欧式柱头、西洋式护栏构件、铁枝花饰样等等，构件预制化，也是外来文化的影响。四大名园的隔扇都镶嵌套色玻璃这一舶来品，不仅成为四大名园中最为亮丽的一道风景线，也是岭南私家园林善于吸收外来文化的最好例证。余荫山房的深柳堂、可园的双清室（亚字厅）、清晖园的小姐楼、梁园的群星草堂等众多园林建筑都使用了西式进口的套色玻璃和古色古香的满洲窗，成为中西文化交融的一个典范。

佘荫山房的紫兰色玻璃透过不同玻璃块观园景，会有春夏秋冬四季景致之变，红橙色的有若丽日满堂，草绿色的有如榕荫匝地，靛蓝色的又似白雪封天，

中国古代江南园林

色、影的运用使室内增添不少情趣，给人以一种清奇古雅的感受。此外，四大名园中还有很多建筑小品、建筑构件及建筑雕饰装修都运用了西方的手法。例如余荫山房和清晖园的某些园林小品，像小姐楼运用了西式花瓶状栏杆等。再如清晖园中船庭仿珠江上紫洞艇而建，具南方水乡特色，中式传统建筑中采用罗马式的拱形门窗，巴洛克柱头等也反映出中西文化兼容的岭南文化特点。可见，善于吸收外来建筑材料、技术和工艺于一身，融中西混合的装修装饰手法，成为岭南园林的一个特色要素。

五、岭南园林的代表作

（一）广州陈家祠堂

1. 简介

陈家祠堂，俗称陈氏书院，位于广州中山七路，是全国重点文物保护单位，始建于清光绪十四年（1888 年），建成于光绪二十年（1894 年），是广东省陈姓

族人捐资兴建的合族宗祠。清代中叶以后，广东各县多在广州建书院，以供同宗子弟读书或参加科举考试，又是祭祖的宗祠。该祠规模宏大，装饰华丽，是广东现存规模最大、保存最完整、装饰最精美的古代艺术建筑，是广东富有代表性的清末民间建筑。

陈家祠堂占地 15000 平方米，其中主体建筑面积 6400 平方米，呈正方形，以"三进三路九堂两厢杪"布设，

穿插六院八廊，以大门、聚贤堂和后座为中轴线，通过青云巷、廊、庑、庭院，由大小十九座建筑组成的院落式建筑群，各个单体建筑之间既独立又互相联系。建筑组合之间隔，廊庑穿插。整组建筑规模宏大，布局严谨，厅堂轩昂，虚实相间，庭院幽雅，既体现了我国古代建筑的传统风格，又具有南方建筑的鲜明特色。

陈氏书院集广东民间建筑装饰艺术之大成，全院的门、窗、屏、墙、栏、梁架、屋脊等巧妙地运用木雕、砖雕、石雕、陶塑、灰塑、绘画、铁铸等工艺，技艺精湛，题材广泛，造型生动，形象传神，琳琅满目。雕刻技法既有简练粗放，又有精雕细琢，相互映托，使书院在庄重淡雅中透出富丽堂皇。祠堂中的各种装饰，丰富多彩，题材广泛。其中有"竹林七贤""梁山聚义""牛郎织女"等历史故事和民间传说。还有"五福捧寿""三羊开泰"等象征吉祥如意

中国古代江南园林

中国古代江南园林

的珍禽瑞兽和花草图案；还有"羊城八景""渔歌晚唱"等岭南山川见物以及菠萝、木瓜、荔枝、杨桃等岭南佳果。

2. 主要景点

（1）聚贤堂

位于书院主体建筑的中心，堂宇轩昂，庭院宽敞。梁架雕镂精细，堂中横列的巨大屏风，玲珑剔透，为木刻精品。中进聚贤堂屋顶上的陶塑瓦脊长27米，全高4.2米，是清代广东石湾陶塑商号文如璧的作品。堂前有白石露台，石雕栏杆嵌以铁铸的花卉等图幅。

（2）砖雕

主要装饰在墙檐下、门楣、犀头和檐墙上，也有作为花窗的装饰。广东砖雕雕制前先由艺人逐块挑选，然后依据整幅图层次的多少，将青砖按层排列，依次筑出所属部分的纹样，最后逐层逐块嵌砌在墙上，形成多层次的画面。其雕刻技法往往把握了圆雕、高浮雕、减地浮雕、镂空结合运用，其中尤为突出的是深刻技法、线条规整而又流畅自如，纤细如丝，故又被称为"挂线砖雕"。

陈氏书院主体建筑正门两边的外墙上，有6幅大型砖雕如"梁山聚义""梧桐杏柳凤凰群"等，其画内建筑物雕工精细、层次分明，人物神态各异、形象生动，花鸟栩栩如生，其砖雕技艺为近代罕见，可说是惊世之作。

（3）木雕

陈氏书院中木雕数量最多，规模亦大，内容丰富。首进头门梁架上雕有"王母祝寿""践士会盟"等取材于历史故事和民间传说的木雕。其中为突出的是《三国演义》中曹操大宴铜雀台一组，描绘曹操坐在铜雀台上观看校场各员大奖比武的场面，突出刻画了徐晃与许褚在比武后为了锦袍而争夺难解难分的情景，人物生动传神，引人入胜。

此外各座厅堂、走放廊的梁架、雀替

以及那长达 540 余米的檐板上雕刻的各种瓜果、花纹图案、人物、动物等，无不凝聚了广东木雕的精华。尤具特色的还有第二进后侧长廊上的柚木屏门双面镂雕，分别雕有历代历史故事和民间传说"三顾茅庐""赤壁之战"等 20 幅木雕，被赞誉为"木刻钢刀雕就的中国历史故事长廊"。

（4）石雕

陈氏书院的石雕主要是采用麻石石材，多用于廊柱、月梁、券门、栏杆、墙裙、柱础和台阶等地方。聚贤堂前的月台石雕栏杆，是书院石雕装饰工艺的典型，它融合了圆雕、高浮雕、减地浮雕、镂雕和阴刻等多种技法，以各种花鸟、果品为题材，用连续缠枝图案的表现形式进行雕饰，又把双面铁铸通花栏板嵌入栏杆中，使呈灰白淡雅的栏杆在色调深沉的铁铸栏板映托下，对比鲜明，主题突出，极富装饰效果。在其他的石雕装饰中，如月梁、隔架、雀替、墙裙、檐廊栏杆及台阶垂带，都具有浓郁的地方特色。还有大门前的一对石狮，石匠运用圆润简练的线条雕琢成形体活泼、神态祥和、笑脸相迎的瑞兽，这是广东地区石狮造型的代表。

3. 评价

1959 年，陈氏书院被辟为广东民间工艺博物馆，以搜集、保藏、研究和宣传展览广东地区历代各类民间工艺品为主。馆内辟有多个展厅，常年展出馆藏文物，展品有陶瓷、雕刻、刺绣等工艺精品。其他工艺品种类更多：有广州珐琅、金银工艺、套色蚀花玻璃；有佛山灯色、剪纸、木刻、门面等；有潮州面塑、稿末塑、麦杆贴画的剪纸；有阳江、潮汕、佛山地区的漆器以及少数民族地区工艺等；还设有近代家具、书画、文房四宝、茶艺等展厅、专室。

陈家祠堂各种雕刻图案题材广泛，造型生动逼真，雕刻技艺精湛，用笔简练粗放却又精雕细琢。这些石雕、陶塑、灰塑等艺术以特色鲜明、工艺精美、精品琳琅满目而称雄岭南。郭沫若曾赋诗赞美陈氏书院的建筑艺术："天工人可代，人工天不如。果然造世界，胜读十年书。"可以说，陈氏书院不愧为一座

中国古代江南园林

宏伟瑰丽的民间工艺建筑宝库。

（二）顺德清晖园

1. 简介

顺德清晖园与佛山梁园、番禺余荫山房及东莞可园并称为清代广东四大名园，而清晖园居四大名园之首，被列为中国十大名园之一。它位于广东顺德市大良镇华盖里，占地约五亩多，属省级文物保护单位，整体风格以雅致古朴著称，是一座已有三百六十余年历史的古典园林。

清晖园虽只有五亩多，但却容纳了丰富的景色，小中见大，以小胜大。园内景致清雅优美，花木种类近百，四季常青，四时换景，品种丰富，多姿多彩，极富粤中特色。建筑造型轻巧灵活，别具匠心，各具情态，灵巧雅致，开畅通透，利用碧水、绿树、古墙、漏窗、石山、小桥、曲廊等与亭台楼阁交互融合。其装修丰富多变，几乎无一处雷同。图案题材都选择岭南特色瓜果，雕刻巧而不纤，美而不俗。门洞亦精妙无比，以立式酒瓶和圆形门洞为主，每门有变，每门联额，最佳处为上凤来峰的山道上，一转折一门洞，洞形如笑中弥勒。主要景点船厅、碧溪草堂、澄漪红蕖书屋、澄漪亭、惜阴书屋、竹宛、归寄庐、笔生花馆、斗洞、红蕖书屋、读云轩、沐英涧、留芬馈等。倘佯其间，步移景异，令人流连。

清晖园集我国古代建筑、园林、雕刻、诗书、灰雕等艺术于一身，突出了我国庭院建筑中雄、奇、险、幽、秀、旷的特点。它既融汇了中国古典园林的许多传统的优点，又独具岭南私家园林特色，集明清文化、岭南古典园林、江南园林、珠江三角洲水乡特色于一体，是古园改造中最成功的一个。

2. 渊源

明万历三十五年（1607年），顺德黄士俊中了状元，后来官至礼部尚书、大学士。天启元年（1621年），他在原

太艮城（今顺德）南郊修建了黄家祠和天章阁、灵阿之阁，环之以花园。这是清晖园最早的规模。

清乾隆年间，黄家衰落，天章阁和灵阿之阁被进士龙应时购得。后来他将庭园中部分给其子龙廷槐，左右两部分给龙廷梓。嘉庆五年（1800 年），龙廷槐辞官南归，筑园奉母。嘉庆十一年（1806 年）秋，廷槐请书法家李北洛写"清晖园"三字塑于西园门上方，诗有言"谁言寸草心，报得三春晖"，以喻父母爱子之情如日之晖。龙家人从应时、廷槐、元任、景灿到渚惠，历五代而苦心修园，使清晖园成为颇具规模而又独具特色的岭南私家园林。民国时该园毁损厉害，1959 年修复，后又重修多次。虽现清晖园只有中部为原物，但改造深得岭南要旨，以庭院划分、空间开敞和万物流动独树一帜，尽显了岭南庭院的精髓与江南园林之特色。

3. 主要景区

（1）花亭小蓬瀛景区

花亭小蓬瀛景区在南入口处，建筑较乱，空间局促，花亭有"狮子回头"湖石，大狮回头，小狮相伴。水中立方亭，池岸高深，非上乘之作；笔生花馆、小蓬瀛、归寄庐、木楼利用檐廊连接、高台起屋、室外楼梯等方法制造高低错落、左转右折的幽深感；竹苑圆洞门泥塑对联"风过有缘笛竹韵，月明无处不花香"，路旁另有岭南的英石门洞"斗洞"。

（2）碧溪草堂景区

是清晖园的水景区，方形水池边筑一堂、一屋、一楼、二亭。堂曰"碧溪草堂"，说是草堂却不草，与可园"草草草堂"相似；澄漪亭和六角亭突入水中；一楼指小姐楼，为船厅，不像江南园林的舫单层且长边靠岸，而是双层。立面敞式格扇，二层平座，船头向岸，只取神韵而已，仿当年珠江的名船"紫洞艇"。

（3）红蕖书屋景区

有水池景和假山景二佳处，假山用珊瑚构成，内为洞，设坐几，为避暑之地；整座假山被杂草灌木覆盖，极其自然。池区有池边方亭和六角亭，方亭边有英石假山，六角亭名为一勺亭，表一勺见海之意。池岸用英石砌成，有石笋和石矶立于水中，一派海岸风光。

（4）留芬阁景区

长廊围合的留芬阁景区以留芬阁为中心，阁为两层碉楼式，有联"红情绿意花之态，黄卷青灯学者家"。阁底设附屋，题一联"幽兰贰室，修竹万山"，额板和联板皆用泥塑，额为葡萄叶果，联为水仙花篮；额板绿，联板红，妙不可言。附屋前小桥束水，曲廊蜿蜒，廊梁架驼峰与此同时蜀柱用一木雕成，刻岭南花果，雀替亦用透雕，色彩艳丽。附屋旁开池堆山，山上泻瀑，题名"九狮山"。

（5）凤来峰景区

凤来峰山峰用湖石构成，题"凤来"两红字，方亭据顶，崖临潭，白色矶石之间有汀步石可渡，崖上瀑布飞流而下，甚为壮观。水池一侧更有一石拱桥，做法与入口石桥一样，半是栏杆半是墙，墙上有巨形漏窗，虚多实少，几何图案，曲线脊线，成为岭南园林的桥墙典范，现代公园中许多桥都是仿它而作。

透过桥边漏窗，隔壁还有一方池，绕廊前行，半廊的方形漏窗把墙外的花木景石透过来；廊端有一门洞，泥塑联板上题一联"清风遇竹有生面，流水娱人无尽期"；透过修竹，可见影壁是一幅金鱼泥塑图，侧有芭蕉叶状联板题联一幅；出廊见方形水池周边建筑进退有致，条石驳岸，矶石占角，石间有灌木丛生，此地规整与凤来峰下的自然形成对比。

（三）番禺余荫山房

1. 简介

余荫山房，又名余荫园，位于广东番禺南村镇，是岭南四大名园中保存最完整的。全园建筑面积仅有近 2000 平方米，是四大名园中最小巧玲珑的，也以此建筑风格而著称。景色精巧别致、清幽宜人，将我国古典的京、苏园林风格和岭南情调相融，是不可多

得的园林艺术珍品。2001年6月25日，余荫山房作为近现代重要史迹及代表性建筑，被国务院批准列入第五批全国重点文物保护单位名单。

2. 历史

余荫山房于清代同治六年（1867年）兴建，1871年建成，距今130多年。山房故主邬彬，为清朝举人，官至刑部主事、员外郎，其二子先后中举，时人誉为"一门三举人，父子同登科"，告老还乡之后建园，因感怀祖先福荫，故名余荫山房。园门题"余地三弓红雨足，荫天一角绿云深"，为岭南园林第一联，表明不求园广但求福荫、终得一门三及第之意。

3. 主要景点

（1）虹桥印月

余荫山房园景可分为东、西两半部，以游廊式拱桥为界。这座拱桥是桥、廊、亭"三合一"的杰作，表现了设计者的独到构思和造园者的高超技艺，这一美景称为"虹桥映月"。在月朗风清之夜，月影、桥影、人影在荷花池中相映成趣，构成动人心弦的画卷。

（2）深柳堂

余荫山房西半部以长方形石砌荷池为中心，莲池西北的深柳堂是主体建筑。深柳堂前左右各有一老榆树合古语"万柳读书堂"，树坛成盆状。堂前花架下还有一棵与余荫山房同龄的炮仗花，藤干粗如树，每逢春节前后开放。前檐廊宽敞，室内极尽奢华之能事，有透雕门罩、隔断、玻璃窗花、扇面窗花、书画联题，真是琳琅满目，与对岸原为藏书之地的临池别馆的收敛和清爽形成对比。深柳堂有联"鸿爪为谁忙，忍抛故里园林，春花几度，秋花几度；蜗居容我寄，愿集名流笠屐，旧雨同来，今雨同来"，38字写出园主希望广邀雅士，不论贫富新旧，欢聚一堂的心情。

深柳堂是全园装饰最豪华的地方，堂中木刻精品"松鼠菩提"为双面木雕；堂前镶嵌满洲窗格墙壁，古色古香，三十二幅桃木扇隔画橱；碧纱屏风皆为著

中国古代江南园林

名木雕珍品，紫檀木屏上有清代大学士刘墉及晚清广东三大才子刘山舟、张船山、翁方纲等名人的诗句手迹；西侧供有咸丰皇帝敕封园主的圣旨长匾。

（3）八面亭

庭园东部为水苑，与其说是一个水池，倒不如说是一湾曲水，因为池中庞大的玲珑水榭立于水中，榭平面与池平面一样是八角，只留下一米多宽的水面。水榭用上等木头做成，八面有"八面玲珑"之意，又名八面亭。室内宽敞实用，宜坐卧走动，是会客吟咏之所。

水榭周边有八景：东面丹桂、东南杨柳、南面蜡梅、西南石林、西面虹桥、西北卧庐、北面兰径，诗云"丹桂迎旭日，杨柳楼台青。蜡梅花开盛，石林咫尺形。虹桥清晖映，卧瓢听琴扬。果坛兰幽径，孔雀尽开屏"，诗境与美景一体，让人流连忘返。

（4）孔雀亭

东部水苑围墙下做一水口，立镇水亭，因养孔雀而名孔雀亭。歇山顶，竹栅栏，与其说是建筑，倒不如说是鸟笼，亭于沟上，鸟粪可直接入沟冲走。水榭太大，观赏视距太近；雀亭太小，小于人的尺度，这反映了岭南园林舍美观而取实用的空间经营趋向，岭南人美其名曰"实用美学"。

（5）瑜园

1922 年园后主在南面更立一园，名瑜园，俗称"小姐楼"，与清晖园的小姐楼一样为两层的船厅，瑜园面积只及山房的一半，以建筑为主，庭院为辅。第二层有玻璃厅，可俯视山房庭院景色。院中有小型方池一口，船厅前临方池，船楼前跨池面，后达界墙，左右两旁大院小院设有花台盆景。现已归属余荫山房，两园并在一起，起到了辅弼作用，宅院也有门联："书田菽粟皆真味，心地芝兰有异香。"

4. 特色

（1）布局轻巧别致

余荫山房的布局精巧别致。它以"藏而不露"或"缩龙成寸"的手法，将亭、台、楼、堂、馆、轩、

 榭、桥、廊堤、石山、碧水尽纳于三亩之地，布成咫尺山林，区区弹丸之地已把中国园林建筑中的所有内容全都包含在里面。

余荫山房以水居中，环水建园，架廊桥把东西南北景物连贯起来，为岭南园林经典。桥两头各题浣红和跨绿；条石起拱，桥栏朱红，堤栏紫褐，桥廊高于堤廊，歇山顶、睡莲池、拱桥倒影恰成正圆，以池水平静和庭院幽静为美，堪称静态美的典范。

（2）景物设计独特

余荫山房每处景物的设计都匠心独运，寓意深长，使得小小的园林显得园中有园、景中有景，景景相扣，景色无限，进入曲径幽深、幽深广阔的绝妙佳境，令人"每思所过名山，坐看奇石皱云依然在目"。

山房不但楼台堂馆、亭榭轩桥、假山莲池皆备，而且回廊、花窗、影壁巧妙借景，或小桥流水，或山石森严，或窗含山色，又有满园花木，四时花果常新，奇花夺目，树木常青，阴凉幽静，顿使满园生辉。游人环水而行，深浅曲折，峰回路转，柳暗花明。而园中"夹墙竹翠""虹桥印月""深柳藏珍""双翠迎春"等四大奇观，使游人大开眼界，乐而忘返，常有似尽未尽之感。

（3）建筑艺术精美

余荫山房的建筑艺术极为精美。花坛、墙壁、台阶、地面都有雕刻图案，园中之砖雕、木雕、灰雕、石雕等四大雕刻作品丰富多彩，精细素雅、玲珑可品，尽显名园古雅之风。在主要厅堂的露明梁架上均饰以通花木雕，如百兽图、百子图、百鸟朝凤等题材多样。此外，凡门必设楣，逢景必有联，全园的楣额、楹联达65款，在细部上下足了功夫，极臻雕饰，求精出巧。

（4）泥塑出彩夺目

从装饰上看，余荫山房是艳丽的泥塑，无论门头、窗楣、屋脊、墙壁、花坛、山墙都用了泥塑，而且色彩搭配喜欢用红、黄、绿三原色，在青砖墙的基调里特别明显。深柳堂山墙对面一屋有岭南山水图泥塑，两屋间距不足一米宽，连走路都有困难，更不用说站在正面欣赏它了。但是，它还是把图当成中堂来

 中国古代江南园林

处理，有泥塑对联和额题。屋顶的几何形泥雕脊饰和花坛四周的泥塑更是令人惊叹不已。

（四）佛山梁园

1. 简介

梁园是佛山梁氏宅园的总称，是清代岭南文人园林的典型代表之一，主要由"十二石斋""群星草堂""汾江草芦""寒香馆"等不同地点的多个群体组成，规模宏大，主体位于松风路先锋古道。

园中亭台楼阁、石山小径、小桥流水、奇花异草布局巧妙，将住宅、祠堂、园林和谐地连结在一起，尽显岭南建筑特色。梁园素以湖水萦回、奇石巧布著称岭南；园内建筑玲珑典雅、绿树成荫，点缀有形态各异的石质装饰；不仅如此，梁园还珍藏着历代书家法贴。秀水、奇石、名贴堪称梁园"三宝"。

梁园尤以大小奇石之千姿百态、设置组合之巧妙脱俗独树一帜。其中的四组园林群体因各自构思取向不同而风格各异，各种"平庭""山庭""水庭""石庭""水石庭"等岭南特有的组景手段式式具备，变化迭出。与各建筑物和景区主题紧密结合的诗书画文化内涵丰富多彩，追求雅淡自然、如诗如画的田园风韵，园内精心构思的"草庐春意""枕湖消夏""群星秋色""寒香傲雪"等春夏秋冬四景俱全，各异其趣；展示文人园林特质的"石斋寄情""砚磨言志""幽居香兰""庄宅遗风"四景，将岭南古园林的多种文化意境，如雅集酬唱、读书著述、家塾掌教、幽居赋闲等多种文人文化生活追求表现得淋漓尽致，形成特有的岭南水乡韵味。

2. 历史

梁园由当地诗书名家梁蔼如、梁九章及梁九图叔侄四人，于清嘉庆、道光年间陆续建成，历时四十余年。时至民初，一

岭南园林

127

代名园已濒于湮没。鉴于其历史、艺术和观赏价值，1982 年，佛山市委、市政府首先对现存的群星草堂群体进行了抢救保护，1990 年被定为省级重点文物保护单位，继而于 1994 年开始大规模的全面修复，现总面积达 21260 平方米，使名园重光成为现实。

3. 主要景点

（1）群星草堂

群星草堂是梁园的园中园，为梁九华所建，占地数千平方米，是梁园的精华。该园区内群星草堂、客堂、秋爽轩、船厅呈现曲折形布置于东北角；草堂内每天云集了当地的南音爱好者，他们在园中表演已成一道风景；船厅是一座两层楼，从二楼可纵观全园。

建筑精巧别致，引人入胜。虽体量不大，但却小巧精致。"半边亭"结构奇特，首层六角半边，二层四方完整，屋顶平缓，飞檐斗拱，可称是"求拙"之作。"船厅"三面为大型满洲窗，四周景物尽收眼底，真是斗室容环宇。更为突出的是"荷香小榭"，精美纤巧、四周通透、里外交汇，把天、地、人完全融为一体。

建筑群的前院是著名的石庭，方形平面内布置着一群奇石，有英德石、太湖石；有危峰形，有怪兽形，高逾丈，阔逾仞，非数十人不能撼动，佳石名为"苏武牧羊""如意吉祥""雄狮昂首"等。石庭侧有水池，设两个水口，北者青石拱桥，东南角者青石平桥，皆为镇水之用。群星草堂南部有低岗一座，山岗上筑一方亭，亭周有湖石堆道；园路景石多为孤立湖石，或卧或立，不甚统一；园中种有罗汉松、枇杷、凤眼果、九里香等。

（2）汾江草庐

为梁九章的弟弟梁九图所建，占地 10000 余平方米，主要由池塘、汾江草庐、无遐堕斋、个轩笠亭、石舫、韵桥、书舍、水榭、湖心石组成。汾江草庐以池塘为中心，池中置有湖石多个，其一为湖心石，以透瘦皱漏见长；另有几个龟石和鹤石，也是湖石，伏式石矶形式。为观湖心石，梁九图于 1849 年 4 月建石舫一座，后湖心石与舫俱毁，现舫和湖心石是近年再建的，泊于水中的石舫为南方风格，内外刻有古代故事，置石桌石几。

汾江草庐的水石运用可说是别出心裁：既有一般的叠石置景，又有独石成景；既有潺潺流水，又有一泓湖水，碧水中，成群的金鱼、锦鲤时浮时沉，湖面涟漪连绵，这静中有动的景观，令人赞叹。汾江草庐的建筑物以石庭、山庭、水庭为基调，建筑宽敞通透，四周回廊穿引，采用"移步换景"之法引人入胜。如荷香小榭位于湖岸边，站立于小榭屋檐下，面对铺满荷叶和荷花的湖水，一片碧绿中的点点粉红，令人心醉。小榭高四米余，木结构，门楣及窗都饰以木雕，门窗缕空，图案则是荷叶、荷花，既优雅精致，又与湖中的荷叶、荷香互相呼应，令人对设计者的良苦用心赞叹不已。

（五）东莞可园

1. 简介

东莞可园始建于清代道光三十年（1850 年），位于东莞市城区博厦，是广东省文物保护单位。可园创建人张敬修，官至江西按察使署理布政使，为既文且武的官员，他金石书画、琴棋诗赋样样精通。他起家于率军镇压太平天国起义，归乡之后，把战争中贪得的横财十万两白银造可园，正如他在门上写的对联"十万买邻多占水，一分起屋半栽花"。张敬修在可园时，常邀张维屏、简士良、徐三庚等在园内联吟、颂赋、传艺。居廉、居巢在可园作画十年，其学生高剑父、高奇峰、陈树人等创立了岭南画派，使可园成为岭南派的策源地之一。

可园面积小，设计精巧，在面积19800 平方米的土地上，把住宅、客厅、别墅、庭院、花圃、书斋，艺术地结合在一起，山水桥榭，亭楼馈，厅堂轩院，一并俱全。外缘呈三角形，绕以青砖围墙。园内有一楼、六阁、

五亭、六台、五池、三桥、十九厅、十五间房，其名多以"可"字命名，如可楼、可轩、可堂、可洲等等，其建筑是清一色的水磨青砖结构，各种建筑左回右折，互相沟通，通过130余道式样不同的大小门及游廊、走道联成一体，设计精巧，布局新奇。

可园建筑高低起伏、屋顶多变，有歇山顶、硬山顶和单山顶；平屋顶多，观台多，有观兰的兰台，有观鱼的鱼台，有观月的月台。材料上青砖、红砖、青瓦成色彩对比；装修上非常考究，内檐阁扇、花罩、博古、屏门、楼格多用通雕、钉凸、斗心、拉花等地方做法，特别是百鸟归巢、葡萄药楣最有特色。园内最高建筑可楼，高15.6米，沿楼侧石阶可登顶楼的邀石阁，四面明窗，飞檐展翅，凭窗可眺莞城景色。它布局高低错落，处处相通，曲折回环，扑朔迷离，基调是空处有景，疏处不虚，小中见大，密而不逼，占水栽花，幽而有芳，加上工艺精密细致，极富岭南特色，是广东园林的珍品。这小小可园携带着丰厚的文化蕴涵，印证着悠悠的世事，从历史走向未来。

2. 可园的得名

传说张敬修在建可园之前，拟取名为"意园"，即满意、合心意的意思。修筑竣工后，张敬修广邀文人逸士，大排筵席，庆贺一番，让人们品评、鉴赏。张敬修引这班骚人墨客游览全园后，在大门口征集人们的意见。不知是被酒熏醉了头脑，还是这个园确实太好了吧？客人们一时找不到合适的词语来赞美，又不好先表态，就都应答说："可以！可以！"

"可以"两字，虽是泛泛空言的应付、推托之词，但言者无意，听者有心。张敬修见大家一致应为"可以"，"以"与"意"近音，"可"在"意"（以）前，"可"就比"意"优先，便改名为"可园"。所以，可园的命名，是可以的园子的意思，是张敬修自谦的称呼。

居巢是张敬修的幕宾，跟随张敬修多年，也客居可园多年。他在可园作画，每有自己以为得意的佳作，也多盖上"可以"一印，这印象就是可园命名的实物凭证。"可"有可人心意、合人心意之解。可园这名称，当然有可人心意的意思。古人"花能解语应多事，石不能言最可人"句中，"可人"就是合人心意的意思。比张敬修年少六年的侄子张嘉谟，在《可轩跋》里记载：可园的命名，有无可无不可、模棱两可的意思。说张敬修在宦海中，曾三起三落，以图教育子孙后代在宦途上可行则行，应止则止，乐天安命。统而言之，可园的命名，有"可以""可人""无可无不可"三层意思。

3. 主要景点

（1）草草草堂

此堂为张敬修怀念十年戎马时的草草衣食住行所建，但建筑却非草率为之，故有联"草草原非草草，堂堂敢谓堂堂"之联。张敬修说他在军中"偶尔饥，草草俱膳；偶尔倦，草草成寐；晨而起，草草盥洗。洗毕，草草就道行之"，但是他认为"用餐也草草，住宿也草草，但是做人不能草草"，故起了这三草堂名来时时提醒自己。这里还有一联"可有草堂传佳句，园留景色话春晖"，这是一个嵌字联，系鹤顶格，首字就是嵌的"可园"两字了。

（2）擘红小榭

这是一个半亭似的建筑，一半在园中，一半好像消失在草堂中了，设计十分奇特。"擘红"是剥荔枝的意思，擘红小榭就是主人邀请文友品尝荔枝的地方。当初它的周围都种满了荔枝等亚热带水果，因为品尝荔枝最要新鲜，所以坐在这小榭中，伸手可摘取树上的红荔，剥而食之，是最佳的待客之道，因此称这个小榭为"擘红小榭"。

"擘红小榭"是著名的环碧廊的开端，长廊环绕穿行整座园林一周，因穿梭于浓密的绿色植物丛中得名"环碧廊"。此廊颇有来历，当年张敬修在广西任职时常常与居巢一起到广西名人李秉授的环碧园中切磋画艺，对那时的时光深深留念，所以在自己园中建一条环碧廊以资纪念。循行环碧廊，秀奇、幽深的园景便逐渐展现在眼前，尽收眼底。

廊中挂满书画珍品，既可赏绿又可赏文，这些画多以岭南画派的作品为主，韵味悠长。

（3）双清室

双清室是可园的又一胜景，其结构十分奇妙：堂中的建筑、地面、天花、窗扇皆用"亚"字为图，因亚字繁体为左"弓"右"斤"（斧意），正合主人尚武之意。双清室是园主人用来吟风弄月的地方，根据堂前湛明桥翠、曲池映月之景，而命名"双清"，同时还因当时可到此厅的客人都是二居、张维屏、简士良这样的清高雅逸之士，更取"人境双清"之意。内院为全国最胜处，双清室前曲池源于唐卢照邻诗《曲池荷》："浮香绕曲岸，圆影复华池。常恐秋风早，飘零君不知。"池中卵石铺底，游鱼可数，湖石亭亭玉立，拱桥横跨东西。

双清室的"亚"字形彩色刻花玻璃，原是"红毛"玻璃，也就是今天法国的进口玻璃，上面的字乃是居巢所提的一首篆字诗。这也是岭南园林的一大特征特，当时岭南地区已与外国有了许多商贸往来，岭南园林的建设也有许多地方受到西方园林的影响。

（4）可堂

可堂是可园的主体建筑，也是最庄严的建筑，四条红石柱并列堂前，气派不凡，大门上雕刻的梅花栩栩如生。楼前有曲尺形水池，楼高15米多，底层大厅名可轩。其侧有石梯级，盘曲可上绿绮楼，复又能通可楼第二三层。可堂为水磨青砖结构，地铺褐红砖阶，缀以花台、花径、假山，由环碧廊贯串起来，构成整体。当年画家居廉常居此，留下许多吟咏。堂外左右两廊长花基，秀丽中蕴藏着庄严肃穆。右前方设一小台名"滋树台"，为专门摆设盆景之用。堂外正中筑一大石山，状似狮子，威武雄壮，其间建一楼台，人称狮子上楼台。每逢中秋佳节，月圆之夜，人们登台赏月，尽览秋色。

（5）可轩

可轩是当年张敬修会客之所，地板用板砖与青砖磨制拼成桂花形，因此俗名"桂花厅"。传说当年地板砖在加工的时候，张敬修规定每个工人每天只能加工一块，如果加工了两块就要受罚。为什么要这样呢？因为他强调的是质量和品质，一定要做到最好，做快了通常就保证不到品质了，所以反而要罚。直至现在，一块块花样拼贴的砖缝中间连一根针都插不进去，可见当年作工之精细了。

（6）邀山阁

可园最高的地方是高达四层的"邀山阁"，是当年整个东莞的最高处，是主人观览远近景物的最佳处。因过去推开窗户近可见黄旗名山，远可见罗浮仙山，所以叫"邀山阁"。"邀山阁"雕梁画栋，造型秀丽，登临此处，俯瞰全园，则园中胜景均历历在目，犹如一幅连续的画卷。纵目远眺，博厦一带山川秀色尽入眼底，深得借景之妙。邀山阁又被当地百姓称为"定风楼"，因为它四面通窗，仅以 10 根木柱放在 10 个石墩上，无一钉一铁，但东莞是台风常袭之地，却经多次狂风、暴雨、地震都安然无恙，反映了当时建筑水平之高。

（7）绿倚楼

"邀山阁"下面是绿绮琴楼，是主人弹琴之所，也是女眷居住之地，人称小姐楼。相传清咸丰年间，园主人得了一台古琴，名绿绮台琴，相传绿绮台琴是唐朝所制，距今已有一千多年历史，是明朝武宗皇帝所用的御琴。明末被南海人邝湛若购得，他是一位抗清义士，被害后琴被另一位抗清人士叶犹龙购得，他与屈大均等明朝遗士泛舟西湖，弹琴咏诗，留下了不少名篇，最著名的就是屈大均写的《绿绮琴歌》，里面有"顾谓双鬟陈绿绮，一时宾客皆倾耳"的名句盛赞绿绮之妙。他建此楼专门收藏此琴，命名为绿绮楼。现在的绿绮楼开设有琴书会友项目，重现了 150 年前大家闺秀琴棋诗书的生活。人们进入绿绮楼中，仿佛有时光倒流之感，实为雅俗共赏之处。

（六） 番禺宝墨园

1. 简介

宝墨园位于广州市番禺区沙湾镇紫坭村，始建于清末，占地五亩，20 世纪 50 年代，宝墨园因年久荒废而毁。1995 年重建，历时六载，扩至

一百多亩，是一处集艺术观赏、休闲娱乐于一身的仿古新建园林。园内建筑、园林、山水、石桥等布局合理，和谐自然，气韵华丽，堪称岭南园林的精华，有人甚至把它称之为"广东颐和园"。

宝墨园给人的第一感觉便是园林的宏大，其规模可以排在当今中国园林的前列。宝墨园的气势宏大，不只体现于园林面积上，还体现在园林建筑之中。中国古建筑，少不了砖雕、石雕、木雕艺术的装饰，但与江南古典园林的精巧雅致相比，不仅增添了陶塑、瓷塑、泥塑等工艺，而且规模宏大，气度不凡。宝墨园既有中国传统的私家园林特点，又有皇家园林的气派，可以满足人们到此游园、观赏、休闲、娱乐等多种需要。

宝墨园四时青翠，园林花卉景点有聚有散，步移景换，美不胜收，诸如荔岛凝丹、玉堂春瑞、柳剪春风、千手罗汉、桂苑浮香、群芳竞秀、古榕长荫、茶王双壁，令人百看不厌。

2. 造园背景与由来

宝墨园的修建源于广东民间流传很广的一个关于清官包公"宝砚投江"的故事。这个故事说的是，包拯官任端州（今广东肇庆）知州三年任期届满，百姓到江边为他送行时，其中一位长者以一方端砚相赠（端州盛产端砚，为传统名贵"文房四宝"之一，价值不菲），清廉一身的包公自然拒不接受。而随从见长者长跪不起，于心不忍，便悄悄把端砚收下了。船行途中，忽然遭遇狂风，波涛汹涌，情况紧急。包公十分惊奇，就问随从是否有收礼物，随从便如实相告。包公震怒，即将端砚投于江中，顿时风平浪静。清末民初，番禺的乡民据此故事，敬佩包公的清官品行，在紫坭村原有的包相府一侧建成宝墨园，以彰扬包公廉洁从政的美德。

宝墨园景若星棋，以湖、河为格局，点缀其间，叠石假山，花园草坪，错落有致，营造出不同的天地景色。宝墨园建筑是典型的岭南建筑风格，而命名又多与宣传包公或清官文化相联系。重建后的宝墨园继承和发扬了老园以弘扬包拯清官文化为主题的做法，同时借鉴广东清代四大名园为代表的岭南古园林建筑风格，进行大胆创新，形成融清官文化、岭南古建筑艺术、岭南园林、岭南民间文化与珠江三角洲水乡特色于一体的园林格局。

3. 景点

（1）浮雕和砖雕

宝墨园中有陶塑、砖雕、石刻、木雕等艺术精品琳琅满目。其中，长达62米浮雕《清明上河图》和砖雕《吐艳和鸣壁》工艺精湛，当属惊世之作。

大型瓷塑浮雕《清明上河图》，长62.8米，以精湛的工艺制作将张择端笔下北宋的繁华市井生活景象精致再现。浮雕的背面，是宋朝苏轼、黄庭坚、米芾、蔡襄四大书法家及宋徽宗、抗金英雄岳飞的书法碑刻。

《吐艳和鸣壁》刻着形态各异的凤凰与花草树木的巨幅砖雕，是一座以青砖为主，辅以白石、绿琉璃瓦的艺术照壁，长达22.38米，高5.83米，厚1.08米，面积达130.48平方米，连后壁计260.96平方米；砖雕主图部分宽21米，高3米，面积63平方米，前后壁共计面积126平方米。全壁由3万多块青砖雕刻镶嵌而成，上盖绿色琉璃瓦，砖雕斗拱，下面是白石浮雕座，气势恢宏，蔚为壮观。《吐艳和鸣壁》分别以瓷塑浮雕与砖雕的规模而被确认为世界吉尼斯之最，成为宝墨园的镇园之宝，亦是游人最喜欢的留影之处。

（2）赵泰来艺术宫

位于园内西北处的赵泰来艺术宫，整座建筑集石、砖、木、瓷雕及彩绘、贴金艺术为一体，气势恢弘、雍容华贵，是园内最具欣赏价值的景点之一。宫内一、二层展出英籍华人赵泰来于1998年无偿捐赠给国家的各类文物，主要是其外曾祖父伍廷芳（民国初年为中国首任外交部长）所珍藏的从商、周至明清时期的古铜器、古陶瓷、古玉艺术品2000多件。园内还有杨善深艺术馆、赵少昂艺术馆、霍宗杰藏品馆等艺术类

岭南园林

馆堂多处，展出大量古今名家书画及收藏品，具有很高的艺术、历史、文物价值。

赵泰来藏品馆与宝墨藏珍、龙图馆、聚家阁等珍藏的古今名画、书法、陶瓷、铜器、玉器等，体现了中华民族文化的源远流长，形成了独特的人文景观，简直是一座园林艺术馆。

（3）瑞霭琼林

在赵泰来艺术宫的左侧、风味馆后面，有一座 4 米多高的钟乳石山，命名为"瑞霭琼林"。该石山由 150 多块黄、白二色钟乳石砌成，山形俊俏、气势雄伟。石笋千姿百态，如鲤鳍、如石笋、如蘑菇云，形态逼真，并有瀑布、流泉。终日云雾缭绕，彩霞辉映，宛如瑶琳仙境。顶端石块酷似南极仙翁云游到园欣赏宝墨园美景，令人惊叹。

（4）水景

在全园中尤其值得一览的是堪称一绝的水景。荔景湾、清平湖、宝墨湖与 1000 多米长河贯通，水清如镜，长流不息，30 多座石桥横跨旖旎河湖之上。若驾画舫轻舟，逍遥放棹，仿佛置身蓬瀛。清平湖位于宝墨园中部，面积约 10 亩，湖名取义于"清平盛世"之意。湖面上，虹飞紫带；湖周围，绿柳侵烟；喜看锦鲤千千红浪涌，游人个个笑颜开。紫竹园里的紫竹溪，专供小孩玩水观鱼，是儿童的欢乐天地。

（5）紫洞舫

位于园区中部湖畔的紫洞舫有如一座水上艺术宫殿，是领略南粤风情的绝好去处。传说明末清初，南海县紫洞乡人麦耀千在广州做官，常从广州由水路返乡。他为了炫耀自己，便造了一只别致的大木船，装饰华美，集饮食、娱乐、游河于一体，人称之曰"紫洞艇"。后来富贵人家纷纷仿效，遂发展为水上茶楼，泊于广州荔湾和长堤，逐渐成为独具珠江三角洲水乡特色的高级画舫。

紫洞舫长 21 米，宽 6.8 米，高 8.7 米，共分两层，每层面积各 70 平方米。主结构是钢筋水泥，舫内宽敞明亮，用多种名贵木材雕花贴金装饰，造工精巧，尽显华贵。一、二层分别可接待 40—80 名游客就餐，并在一层设有流金溢彩的小舞台，游客可以在此边品茶，边尝广东小吃，边欣赏广东音乐、粤曲折子戏等，叫你眼福、耳福、口福并收。周围绿树葱茏，杨柳依依，湖光翠微，相映成趣。湖中锦鲤成群，彩色缤纷，终日悠闲地穿梭于游人歇足处，争相觅食，逗得游人喜笑颜开，成为宝墨园水乡特色的又一胜景。

（6）九龙桥

是一主二副的三座白石拱桥，全用青白两色花岗石砌成，因正中主桥桥面中央是一块长 7.1 米、宽 3 米而凸出桥面的九条巨龙青石高浮雕，蟠曲得极富装饰性，九条姿态各异、玲珑剔透的石龙，爪舞云扬，栩栩如生，因而得名。桥的题字是集宋代徽宗皇帝赵佶所创正书瘦金体而成，并刻上他的押字，押字寓意为"天下一人"。三桥并列跨于鲤鱼涌上。但今日鲤鱼涌已改成长方形四周石砌的小河，两头由暗渠相通以保持活水，使数百尾锦鲤可以来回流动。

（7）艺林苑牌坊

艺林苑牌坊高 12.08 米，宽 15.24 米，朱红色的漆柱，"玉包金"的琉璃瓦面，绿色如意斗拱，贴金的木雕檐蓬和梁柱，金光灿灿。牌坊的背面、内壁和天花，是彩绘笔画，画中人物、花鸟栩栩如生。牌坊周围是汉白玉雕花护栏，雕栏玉砌，高贵典雅。古色新香牌楼比艺林苑更高大宏伟，外观两层，中间以三色玻璃满洲窗装饰，楼内绿色的贴金云龙天花，富丽堂皇。

（8）宝墨堂

矗立于宝墨湖畔的宝墨堂是为了纪念包公、弘扬清官文化与精神，整座建筑以水墨青砖砌墙，用乌烟辘筒盖为瓦，灰塑斗拱作檐线，黑漆梁柱，古色古香。还有像治本堂、龙图馆等仿古建筑，也是颂扬包公铁面无私、为官清廉的德政，建筑追求古朴肃穆风格，彰显着清官文化这一主题。

（9）治本堂

治本堂原为包公花厅（包公办公的地方），基本上按原宝墨园花厅的轮廓建造而成，独具

中国古代江南园林

岭南古建筑风格。治本堂是为纪念包公、弘扬包公文化而建。包公遗诗中有两句："清心为治本，直道是身谋。"治本堂就是根据这个意思命名的，寓意为官清廉乃治国之本，颂扬包公为政清廉、大公无私的美德，让人们在游览的过程中感受到"清官文化"的熏陶，收到寓教于游的效果。

"治本堂"的横匾下，有一副对联："治迹越千年有德于民留后世，本源同一脉其清如水仰先贤。"正中有国画荷花，为广州画荷名家梁业鸿手笔。两旁亦有对联："芰荷翠盖留清露，素实红裳送霭风。"这些对联和画，既颂扬了包公清正廉洁、出污泥而不染的高尚品格，亦表达了后人对先贤的敬仰和爱戴之情。

(10) 玫瑰园

玫瑰园位于宝墨园之西南角，占地约 7 亩，全园玫瑰植株三万多，品种近50 个。花形大者如巴黎玫瑰、状元红、火凤凰、白雪公主、波斯黄等；小者如迷你、珍珠、钻石之类，这里的玫瑰因长盛不衰而得名"瑰园春永"。

万紫千红的玫瑰园，沁人心脾的荷花胜景，碧水绿云的逍遥岛，清幽高雅白兰圃，惠风和畅的紫竹林，使人赏心悦目，尤是避暑胜地。园内的观景楼、风味馆、怡味馆、紫竹居等为游人提供番禺的风味小食，有驰名的沙湾姜埋奶、紫坭鱼皮角、沙湾双皮奶、荔湾艇仔粥、龟苓膏加雪糕及各式凉茶等。

（七）开平立园

1. 简介

立园，位于广东省开平塘口镇北义乡，坐西向东，占地面积约为 11013.99平方米。它是塘口镇旅美华侨谢维立先生于 20 世纪 20 年代回来兴建的，历时十年，民国 25 年（1936 年）初步建成。立园的布局大体可分为三部分：别墅区、大花园区、小花园区。三个区用人工河或围墙分隔，又巧妙地用桥亭或通天回廊将三个区连成一体，使人感到园中有园，景中有景，亭台楼榭，布局幽雅，独具匠心，令人有巧夺天工之感。

整个立园不但建筑物构图独异，且花草树木构思独特、新颖，适应时代潮流，有规划地巧妙安排，遍栽各种名花异草、风景树、材用树、果木树等，应有尽有，琳琅满目。而今古木参天，绿树成荫，翠抱园亭，繁花满园，花香鸟语，置身园中心旷神怡，游者流连忘返。立园既有中国园林的韵味，又吸收欧美建筑的西洋情调，将其巧妙地融合在一起，自然融汇，在中国华侨私人建造的园林中堪称一流，也是中国目前发现较为完整的中西结合的名园。

2. 名字的由来

立园的主人叫谢维立。园以主人名，天经地义，无可厚非，然而人们忽视了一个更深的含意，就是"立树立人"的含意。俗语说："十年树木，百年树人"。园林离不开树木，可是将树人寓意于园林之中就不多见。立园三岛中有一岛专门用来栽种果树，有龙眼、荔枝、杨桃等等，寓意几分耕耘几分收获。园中还有许多其他树种：苍劲的木棉、婀娜的凤凰、风骨铮铮的香梅、高风亮节的修竹、绿荫如盖的桂木、缠绵的花藤，应有尽有。园主的这种立意在园中楼台的对联中随处可见，如"修行笃厚能持己，立志图强可达人""立身清洁求高士，处世仁慈是善人""立德立功立善千秋不朽，园梅园松园竹本家无穷"。因此，立园园名与主人名字的相同，不能说只是巧合，而乃天作之合。

3. 景点

（1）稳庐

稳庐建筑面积占地 146 平方米，楼高两层半。为园主叔父谢圣相之子谢维稳的别墅，造型新颖，色调明快，兼具中西建筑特色，布局合理，有宽阔的大厅、舒适的寝室和客房以及实用先进的厨房。

（2）大花园牌楼

大花园牌楼又名晒书台。牌楼占地面积 69 平方米，副楼宽 5 米，高 4.3 米，主楼为宽 4 米，高 6.5 米。顶部采用中国传统的

绿瓦顶结构，梁脊上采用双鳌争珠，四龙走斜边，造型布局气势非凡，其意为独占鳌头，鼓励后人努力学习，出人头地，强国富民。后为晒书台，面积260平方米，四周用洗石米形式，建筑围栏，栏柱顶采用倒莲装饰。整个建筑工艺精湛，气势雄伟壮观。

（3）毓培别墅

毓培别墅建于1926—1936年，以园主乳名"毓培"命名，为纪念爱妾谭玉英而建。别墅小巧玲珑，四层分别为仿中国古式、日本寝式、意大利藏式、罗马宫式，建筑工艺堪称一流。地面巧妙地构筑四个"红心"连在一起的圆形图案，又用彩色的意大利石磨镶在每个厅、房正中，据推测那是园主对四位夫人心心相印的情怀，可谓匠心独运。

（4）泮立楼

泮立楼建于1931年4月，建筑投影面积达146平方米，楼高三层半。楼名是园主谢维立先生取其父谢圣泮及自己的名字联珠而成，是园主及四位太太生活起居的中心。其楼顶为中国古式琉璃瓦重檐建筑，盖绿色琉璃瓦，巧妙地架空，成了实用的隔热层。室内地面和楼梯皆为意大利彩石，墙壁装饰中国古代人物故事为题材的大型壁画、浮雕和涂金木雕，如"刘备三顾草庐""六国大封相"等，塑造人物逼真，栩栩如生。各层均置西式壁炉、悬挂古式灯饰、摆设雅致的酸枝古式家具，食用水和卫生设施均从国外进口，可管窥七十年前的华侨生活起居的情形。门口重门深锁，使人倍感神秘——当时的家庭防盗设施，由此可见一斑。

（5）打虎鞭

打虎鞭为钢质杆，高18米、水泥浮花底座高2米。打虎鞭是一对风水杆，相传园主维立先生回乡兴建立园时，其在美国的生意一度下滑，即请风水先生到立园察看，云：大牌坊对面的虎山与立园相克，须在现址立打虎鞭一对，克制虎势。园主从之，在西德订制打虎鞭一对送到香港，再用船运回安装。天从人愿，打虎鞭竖立后，园主的生意也日益兴旺发达。打虎鞭向着虎山巍然矗立，像是要镇住"老虎"的淫威，起着理顺当时人们信仰风水的祈求，也将牌坊衬托得更加肃穆壮丽。

（6）小花园

小花园与住宅区之间建"虹桥"连接，桥上建"晚香亭"一座。亭高两层，琉璃瓦顶，石米墙身，因桥两侧为东西向，四周种满果树香花，早晚都香飘纷纷。晚清书法家吴道熔先生书"晚香亭"，并将"晚"字书写成既可读"晚"又可读"晓"的字样：旭日东升时为晓香亭，夕阳西下时为晚香亭。意景相融，令人叫绝，游人入亭登楼观赏园景，别有一番情趣。

小花园构图别致，为"川"字形。园内以"兀"形运河分隔，东边建"玩水"桥连接，桥上建"长春"亭；西边建"观澜"桥连接，桥上建"共乐亭"。小花园主要由"抱翠""长春""共乐"三亭组成，此三亭皆建造得别具风格，精巧秀丽。而"抱翠"亭顶，涂绘几帧古代"八仙过海"的人物灰雕壁画，色彩鲜艳，人物活灵活现，顶部盘踞着一条金龙，悬垂的灯盏，就像它吐出来的明珠，惟妙惟肖，令人赞不绝口。而建于玩水桥上的长春亭，桥身及亭柱用洗石米形式，栏、柱造型别具一格，桥身两侧各用彩瓷嵌上桥名，桥顶为古式琉璃瓦顶，瓦檐四边原挂响瓦，风吹瓦动，悦耳之声犹如风铃。

（八）粤晖园

1. 简介

粤晖园是岭南园林的代表杰作，是全国最大的私家园林。粤晖园布局精妙，将岭南园林传统艺术与现代审美情趣融合于一园。楼馆、亭台、水榭、曲廊、石桥、假山等108个园林景点，蕴含着清雅别致的岭南古建筑风格，掩映于青翠欲滴的古

树名木之间，曲径通幽，步移景异。一条条清凌凌的小河在园中回环萦流，将园内各景点串联起来，水随园转，园因水活，将广阔的空间分割成大小五十多处意趣盎然、形态各异的风景群，构成一组组令人荡气回肠的流动的岭南山水画。庭院深深，荷风四面，杨柳轻垂，极具唐诗宋词之深远意境。园内巧引东江之天然活水，河、湖、溪、涧等水域面积 240 多亩，约占总面积 30%，碧波荡漾，极尽婉柔。

粤晖园作为岭南文化的大观园，其建筑特色不仅有岭南之秀，也有江南之雅、北方之雄。整个园区内最具代表的景观有点线面交融、气势恢弘的东正门；左中右辉映、巧夺天工鸿篇巨制的"百蝠晖春"；楼宇荟萃复合一体、古香古色的繁楼、繁文馆；极具岭南文化底蕴、娱乐表演精彩纷呈的"南韵馆"；还有鱼跃龙门、步步高升、吉祥如意的五元坊、浑然天成的紫烟崖等。

2. 景点

（1）粤晖园东正门

东正门是粤晖园的主入口，气势恢弘，其屋顶采用了北方皇家园林常用的重檐歇山顶，其体量、权衡均是以明清建筑进行设计的，并在屋顶戗脊上放置仙人走兽，更显富丽庄严，同时也象征着粤晖园作为岭南第一园的王者气势。而大门的梁、额坊均采用皇家建筑专用的和玺彩画，金碧辉煌、高贵典雅。

正门两侧厢房由廊与正殿相连接，围成一个宽敞的门前广场。厢房雀替、额枋（柱间下层梁）等也饰以旋子彩绘。东正门外南北以廊和厢房组合，其间设园圃小景，园圃由围墙与园内大景点相隔，自成景点。北廊园圃设有奇石，四时娇花，南廊园圃散植花树，几枝翠竹，清雅异常。

（2）"百蝠晖春"照壁

"百蝠晖春"巨型砖雕照壁，长 50 米，高 9 米，寓意"九五至尊"，是一幅以福寿为意旨的"中国福文化"砖雕壁照，是目前国内最大的砖雕艺术巨作。

它以优质青砖作浮雕，壁顶压盖灰瓦，正脊彩绘泥塑，分为三部分，主体部分以"福"为旨，左右分别辅之以"禄""寿"，每一主题都由若干组图构成。主体居中一巨蝠王，展翅高翔，气度雍容，另有四只略小巨蝠盘旋于蝠王左右。五蝠呈拱型分布，互相顾盼，寓意"福星拱照""五福临门"。蝠王正对巨鼎聚宝盆，其上财宝满溢、金光璀灿，巨鼎造型古朴典雅，纳富贵福瑞于其中，俗气尽脱。

照壁以岭南传统砖雕技法，将圆雕、高浮雕、锦地与镂空融为一体，构思精巧、工艺精湛，堪称岭南砖雕艺术的"瑰宝"，表现了我国人民对美好生活向往而形成的"福"文化，也是粤晖园"福"文化的灵魂，以此为祖国的昌盛永隆祈福。

（3）繁文馆

"繁"原为水草茂盛之意，引申则有繁荣、兴盛之意。粤晖园中的繁文馆是全园规模最大、功能最多的仿古楼群，由门厅、厢房、玉纸堂、附楼、清风廊、明月廊、观日亭、赏月亭、橡笔阁、墨华阁、繁文馆构成。作为粤晖园建筑群的主体中心，依次布置三座主楼和东西对称的跨水复廊连成一个整体，组成一个传统的三进四合院，耸立在绿树丛中，四周伴之于小溪环绕，富于水乡风情。整个楼群采用 365 根圆柱建成，寓意着一年 365 天，天天如意。

繁文馆还是粤晖园岭南文化艺术馆的展示中心，主次井然有序，高低错落有致，气象雄伟庄重，融民族传统、地方特色和时代精神于一体。馆区占地面积 10000 多平方米，集收藏、展示、学术研究于一身。

（4）荷花池

荷花池位于繁文馆以北、水帘洞以南、兰薰苑以西、榕荫水道以东，由莲花廊分隔成两部分：西面称沐莲池，东部称浴荷池。浴荷池北端有两座典型岭南小筑，设抚琴台

岭南园林

面对，西为晓音室、东为晓琴室。两室为硬山顶镬耳山墙，三面环廊，砖砌琉璃瓶柱栏河，二重柱布列，中间设茶座。晓音室西由荷曲桥与莲花廊相连。每当月夜，池中水雾缠绕，层层玉盘承金露，若再引得清风送来阵阵幽香，沁人心脾。"岭南秋雨细如丝，水墨云天染碧池。最爱田田莲叶上，晶莹珠露惹相思"，何其诗意！

（5）粤剧研究院——南韵馆

南韵馆是一座极典型的岭南建筑风格的中型歌剧院，因其为追求现代歌剧院的音场效果，设计别出心裁，故而有别于其他岭南古建筑。馆内分上下两层，底层为观众席，能容纳近2000人同时观看表演；二层已被开辟为东莞粤剧戏曲博物馆。正面仰观，山墙呈镬耳状，两边配以飞檐翘角，雄伟中突显秀美；侧面观之，以八阶迭级而上，其状如金鳌出水，昂首面南；中间五迭其上盝顶屋面之翘脊，形似牛角，又如金鳌之飞翅。青砖素瓦，仿清花窗，配以包台植奇花异草于其间，更显娟秀而明丽。南韵馆风格独特而又与整个粤晖园浑然一体，惟妙惟肖，实为当今岭南建筑不可多得的杰作。

南韵馆右侧为颐乐广场，广场遍植古木红棉，周边设躺椅及各类娱乐设施。广场西边建一露天舞台，舞台时有歌舞表演，精彩纷呈，热闹非凡。游客或坐或站，或参与其中，载歌载舞，一片欢声笑语；或闲躺其侧，清茶一杯，闭目击节，赏南音粤韵，亦是人生之一大快事。广场西面，与南韵馆游廊相连的绮玉轩，整体造型别致，镬耳山墙的四边对称布局，更显八面玲珑，正好与南韵馆一雄一秀遥相呼应。轩外临湖之望台，凭栏远眺紫烟崖、归水桥、泛花港游船码头、远韵堂等周边景物映入水平如镜的无香湖，一片雄山秀水，尽收眼底，交相辉映，让人心旷神怡、留连忘返。

（6）五元坊

中国的科举制度源远流长，其始于隋唐，定型于明清，有1200多年的历史。在这1200多年的科举史中，可谓人才辈出、星光璀璨。五元坊可以说是一条完整的龙门之路。这座五座坊，"解元坊"原为秀才参加乡试夺魁而设，

中国古代江南园林

"会元坊"为举人参加京城会试中头名而设，"状元坊"为贡士参加殿试后得一甲而设，"士元坊"为历练多年政绩政声俱佳者擢升的大学士而设，"兴元坊"为功高者、封侯拜相，辅国兴邦者而设。整座坊面阔7.56米，通高9米，采用清朝皇家建筑比例，显得气派庄严。坊两侧巧妙设置水流冲激而下，其中养殖锦鲤，时有锦鲤溯流而上，可谓鱼跃龙门、蔚为壮观。坊间铺有地砖，其上雕以祥云朵朵，寓意平步青云，步步高升。

（7）紫烟崖

紫烟崖宛若天成，高耸的石山飞峙江边，山花藤蔓、野果古树点缀山间；翠柏苍松、崖洞崖壁，瀑布流泉。此山外观是天然石山，内利用多层结构雕塑成岩洞、溶洞相互连通，巧妙利用地底建成水处理池，循环水系池，顶部为"天池"，沿着山崖小道时而上行，时而下逆，又有暗河由石桥连通，半山腰有山洞通往石岩平台，向下看若临万丈深渊，惊心动魄。当日落紫烟，紫烟氤氲，映出一弯彩虹时，更是醉人。

（8）九曲诗廊

诗廊是粤晖园内又一绝景，廊长半里如箭直，长230多米，高近4米，设在粤晖园的南端。诗廊六个廊头依次叠落，增强了感观的灵活性。诗廊是一条文化长廊，以精湛的砖雕艺术表现，集岭南诗、书、画大家的新创作，对联组画，配以诗词，通过诗词、书法、国画、雕刻等艺术形式，展示当代岭南风土人情。

（9）绕翠廊

绕翠廊为双面空廊结构，绕园而建，共600多间，廊宽近3米，廊柱高3米，全长3.2千米，创古今园林长廊之首。廊随形而弯，依势而曲，穿花透树，曲折蜿蜒，把粤晖园内的几组建筑群在水平方向上联系起来，增强了景色的空间层次和整体感，成为游园的交通纽带。"绕翠廊"并非一廊平盖，每隔一段，都有"镬耳"山墙或歇山顶上盖高出，使廊盖起起伏伏，多姿多彩。廊的梁架、檐板等均饰以卷草花纹，凡有"镶耳"山墙的门楼和歇山顶节点，墙头均饰以精工细刻的砖雕，常见的图式为双福金钱，各式卷草花纹图案等。在长廊内又利用楹联、书画、花木等点缀，更增加了粤晖园的文化底蕴。

（10）归水桥

粤晖园内各式桥众多，若论规模、特色、气派，当以归水桥为首。归水桥一桥分两湖，把印月湖和无香湖分隔于东西。五亭通南北，把紫烟崖与月湖居连接，桥面宽阔可通汽车，桥上别出心裁的建造呈"器"字型布局的五个桥亭，略似扬州瘦西湖的五亭桥。但归水桥更加雄奇、壮美，空中俯瞰似一朵大而美丽的怒放莲花盛开在印月、无香两湖中间。

站在归水桥上，东望无香湖，湖水澄净，清澈见底，水流缓缓，明丽欢快，因名之以无香，取其真水无香也。湖中画舫来往穿梭，绮玉轩、泛花港、远韵堂、潆波苑尽收眼底，一览无遗。湖四周花草修竹，湖中养殖锦鲤，每当阳光照耀湖面，波光粼粼，湖中时有锦鲤追逐嬉戏，时有微风拂面，顿觉衣轻发爽，飘飘然如临仙界，如入仙境。

西望印月湖外之东江，水天一色，美不胜收。若在傍晚时分，站在泛花港望归水桥，落日余晖把整个归水桥映得金光灿烂，落霞从桥孔透入，好一幅"归水夕照"啊！来到这里，心灵在这归于宁静，这里没有凡尘的俗事，只有大自然的美景，没有都市的喧嚣，只有自然的天籁之音。在此，可以尽情释放你的心灵，用心去倾听自然的和谐之声，用心去感悟人与自然的美妙和谐。

岭南园林